MIX
Papier aus verantwortungsvollen Quellen
Paper from responsible sources
FSC® C105338

Gina Langen

Mode in Frauenzeitschriften
Eine kulturanthropologische Analyse

Bachelor + Master
Publishing

Langen, Gina: Mode in Frauenzeitschriften. Eine kulturanthropologische Analyse, Hamburg, Diplomica Verlag GmbH 2012

Originaltitel der Abschlussarbeit: Mode in Frauenzeitschriften - Eine kulturanthropologische Analyse

ISBN: 978-3-86341-412-2
Druck: Bachelor + Master Publishing, ein Imprint der Diplomica® Verlag GmbH, Hamburg, 2012
Zugl. Rheinische Friedrich-Wilhelms-Universität, Bonn, Deutschland, Bachelorarbeit, August 2011

Bibliografische Information der Deutschen Nationalbibliothek:
Die Deutsche Nationalbibliothek verzeichnet diese Publikation in der Deutschen Nationalbibliografie; detaillierte bibliografische Daten sind im Internet über http://dnb.d-nb.de abrufbar.

Die digitale Ausgabe (eBook-Ausgabe) dieses Titels trägt die ISBN 978-3-86341-912-7 und kann über den Handel oder den Verlag bezogen werden.

Dieses Werk ist urheberrechtlich geschützt. Die dadurch begründeten Rechte, insbesondere die der Übersetzung, des Nachdrucks, des Vortrags, der Entnahme von Abbildungen und Tabellen, der Funksendung, der Mikroverfilmung oder der Vervielfältigung auf anderen Wegen und der Speicherung in Datenverarbeitungsanlagen, bleiben, auch bei nur auszugsweiser Verwertung, vorbehalten. Eine Vervielfältigung dieses Werkes oder von Teilen dieses Werkes ist auch im Einzelfall nur in den Grenzen der gesetzlichen Bestimmungen des Urheberrechtsgesetzes der Bundesrepublik Deutschland in der jeweils geltenden Fassung zulässig. Sie ist grundsätzlich vergütungspflichtig. Zuwiderhandlungen unterliegen den Strafbestimmungen des Urheberrechtes.

Die Wiedergabe von Gebrauchsnamen, Handelsnamen, Warenbezeichnungen usw. in diesem Werk berechtigt auch ohne besondere Kennzeichnung nicht zu der Annahme, dass solche Namen im Sinne der Warenzeichen- und Markenschutz-Gesetzgebung als frei zu betrachten wären und daher von jedermann benutzt werden dürften.

Die Informationen in diesem Werk wurden mit Sorgfalt erarbeitet. Dennoch können Fehler nicht vollständig ausgeschlossen werden, und die Diplomarbeiten Agentur, die Autoren oder Übersetzer übernehmen keine juristische Verantwortung oder irgendeine Haftung für evtl. verbliebene fehlerhafte Angaben und deren Folgen.

© Bachelor + Master Publishing, ein Imprint der Diplomica® Verlag GmbH
http://www.diplom.de, Hamburg 2012
Printed in Germany

Inhalt

1 Einleitung 3
2 Die Zeitschrift – Entwicklung und Geschichte 5
   2.1. Die Frauenzeitschrift 6
   2.2. Versuch einer Definition – Mädchenzeitschriften 8
   2.3. Mode am Beispiel der Kleidung 9
      2.3.1. Die „modische" Frau 12
      2.3.2. Mode in Frauenzeitschriften 14
   2.4. Die Zeitschrift als volkskundliche Quelle 14
   2.5. Kurzer Forschungsüberblick 15
3 Methode und Korpus 19
   3.1. Die Zeitschriftenprofile 19
      3.1.1. Bravo Girl! 20
      3.1.2. Brigitte 22
      3.1.3. Freundin Donna 23
   3.2. Methodische Vorgehensweise 24
      3.2.1. Konkretisierung der Erkenntnisinteressen 25
      3.2.2. Das Messinstrument: Die Diskursanalyse 25
4 Kleidung als Indiz der modernen Frau in Frauenzeitschriften 27
   4.1. Bravo Girl! 27
   4.2. Brigitte 30
   4.3. Freundin Donna 32
   4.4. Unterschiede und Gemeinsamkeiten 35
5 Schlussbetrachtung und Ausblick 37
6 Literatur- und Quellenverzeichnis 40
   6.1. Verzeichnis der Quellentexte 40
   6.2. Literaturverzeichnis 40
   6.3. Verzeichnis der Internetquellen 42

1 Einleitung

Slogans wie „Wunderbar weiblich: Kleider, die eine tolle Silhouette zaubern..."[1], „Sizilianische Träume aus Blumen und Spitze"[2], „Welches Styling passt zu dir?"[3] oder „Die coolsten Schuloutfits"[4] sind auf den Titelblättern deutscher Frauenzeitschriften omnipräsent. Mode – ein Thema an dem ein Großteil der über 14- jährigen Frauen großes Interesse bekundet. Ca. 70 Prozent der Frauen greifen regelmäßig zu etwa 50 Frauen- und Modezeitschriften.[5] Kein Wunder also, dass nahezu alle Frauenzeitschriften *Mode* als einen Schwerpunkt ihrer thematischen Agenda begreifen.

Diese Arbeit untersucht die Schnittstelle folgender Themenfelder: Gender- bzw. Frauenforschung und Mode als Aspekt der Kleiderforschung. Das Medium *Zeitschrift* bildet ein weiteres zentrales Themenfeld dieser Arbeit. Ein Vergleich der Darstellung von Mode zwischen den Zeitschriften *Bravo Girl!*, *Brigitte* und *Freundin Donna*, sowie die Frage nach Stereotypisierung durch Modedarstellung sollen in dieser Arbeit erarbeitet werden. Um diese Fragen zu klären, erfolgt zunächst ein kurzer Überblick der Zeitschriftengeschichte. Des Weiteren werden die unterschiedlichen Typen von Zeitschriften näher betrachtet und auf ihre Funktionen untersucht. Die Frauenzeitschrift ist im Anschluss daran separat zu betrachten. Um eine nähere Eingrenzung zu ermöglichen, wird sie auf ihre jeweiligen Typen reduziert und anschließend genauer untersucht. Der Korrektheit halber ist ein weiteres Kapitel der „Mädchenzeitschrift" gewidmet, denn obwohl eine genaue Abgrenzung von Erwachsensein und Jugend und der entsprechenden Leserschaft nicht möglich ist, betitelt der Verlag die untersuchte Zeitschrift *Bravo Girl!* als Mädchenzeitschrift.

Um thematisch in das Thema einzusteigen, erfolgt ein kurzer Überblick der Mode am Beispiel Kleidung, daran anknüpfend wird eine Skizzierung der „modischen Frau" unternommen. Im Mittelpunkt dieser Darstellung stehen die geschichtliche Entwicklung der Frau und ihre ersten Berührungen mit dem Gebiet der Mode, beginnend im 17. Jahrhundert. Es folgt eine Beschreibung des einsetzenden Stereotypisierungsprozesses. Im Anschluss daran erfolgt ein kurzer Überblick über die

---

[1] Titelblatt von *Freundin Donna* 07 (2011), S. 1.
[2] Titelblatt von *Brigitte* 13 (2011), S. 1.
[3] Titelblatt von *Bravo Girl!* 04 (2010), S. 1.
[4] Titelblatt von *BravoGirl!* 12 (2011), S. 1.
[5] Vgl. Völkel, Anika: Die Modezeitschrift. Vom „Journal des Luxus und der Moden" zu „Brigitte" und „Elle". In: Schriften zur Kulturgeschichte, Bd. 1. Hamburg 2006, S. 9

derzeitige Situation von Mode in Frauenzeitschriften. Um das Thema in den fachlichen Kontext einzuordnen, muss weiterhin festgehalten werden, welche Bedeutung der Zeitschrift als Quelle in der Volkskunde zukommt. Inwiefern der gesamte Themenkomplex in der Volkskunde verankert ist, zeigt ein kurzer Forschungsüberblick.

Die Forschungsfelder „Frau" und „Kleidung" werden auf ihre Präsenz und existierenden Forschungsergebnisse in der Volkskunde untersucht. Im nächsten Kapitel wird das Korpus der Untersuchung festgelegt. Die Profile der ausgewählten Zeitschriften *Bravo Girl!*, *Brigitte* und *Freundin Donna* werden vorgestellt, die Strukturen der Zeitschriften erläutert und die Auswahl der untersuchten Ausgaben begründet. Weiterhin wird die methodische Vorgehensweise beschrieben. Es bedarf zunächst einer Konkretisierung der Erkenntnisinteressen und der Bestimmung eines geeigneten Messinstrumentes um die Darstellung der Mode in Frauenzeitschriften zu untersuchen

Mit Hilfe der in der Volkskunde etablierten kulturwissenschaftlichen Diskursanalyse werden die Zeitschriften auf ihre unterschiedlichen modisch elementaren Schwerpunkte, die stereotypen Rollenbilder und der damit verbundenen Konsumfunktion untersucht. Letztendlich werden die Ergebnisse in einer Schlussbetrachtung zusammengefasst und es wird ein Ausblick auf die Zukunft von Mode in Frauenzeitschriften geworfen.

2 Die Zeitschrift – Entwicklung und Geschichte

Zeitschriften sind den Massenmedien zuzuordnen und gelten als Träger kommunikativer Aussagen, also ein sogenannter Transporteur von Werbebotschaften.[6] Es wird zwischen Fach-, Verbands- und Freizeit-Zeitschriften unterschieden. In regelmäßiger Folge, das heißt vierteljährlich, monatlich oder wöchentlich, erscheint die Zeitschrift. Außerdem ist sie von der Zeitung zu unterscheiden, da diese keine Aktualität im fachlichen Sinne anstrebt, sondern zusätzlich den Nachrichtendienst einbezieht. Am deutlichsten ist die Zeitschrift von der Zeitung hinsichtlich der grafischen Form und der visuellen Präsentationsweise abzugrenzen. Herausgeber von Zeitschriften müssen nicht zwingend Verlage sein, auch Verbände, Organisationen und Unternehmen können als Herausgeber fungieren.[7]

Die Leserschaft von Zeitschriften ist im Allgemeinen nicht ortsgebunden, sondern gewöhnlich weit verstreut. Zu den Publikumszeitschriften gehören klassische Illustrierte, Programm-, Frauen-, Unterhaltungs- und Jugendzeitschriften und auch Nachrichtenmagazine. Sabine Tonscheidt erläutert: „(...)Gerade die unterschiedliche Intensität der Leistungen, Information und Unterhaltung ermöglicht die Differenzierung von Zeitschriften nach verschiedenen Segmenten."[8] Zeitschriften orientieren sich an speziellen Interessen, die nach Alter, Geschlecht und kulturellem Niveau erschlossen werden. Dazu gehören Kategorien wie „(...)Haus und Leben, Motor, Computer, Sport, Kultur, Wirtschaft, Medien, Mode, und Erotik." [9]

Die Hauptfunktion von Zeitschriften ist der Wiedererkennungswert. Sie bieten Hilfe bei praktischen Angelegenheiten und bei der Vertiefung von Alltagsthemen. Weiterhin haben sie die Funktionen der Orientierungshilfe und Ästhetik. Orientierungshilfe in Form von Service, Ratschlag, Ratgebern oder Beratung - die vor allem in Frauenzeitschriften als Kosmetik, Haushalts- und Modeberatung zu fassen wäre. Die „ästhetische Funktion" hingegen meint den überwiegenden Anteil von Foto- und Bildmaterial. Bilder vermitteln Zusatzinformationen und können die Wirkung eines Textes vertiefen oder zur Vortäuschung einer „verkehrten Wirklichkeit" führen,

---

[6] Vgl. Tonscheidt, Sabine: Frauenzeitschriften am Ende? *Ostdeutsche* Frauenpresse vor und nach der Wende 1989. Münster 1996, S. 139.
[7] Vgl. Der große Brockhaus, Art. Zeitschrift. Wiesbaden 1957, Bd. 12., Sp. 662.
[8] Tonscheidt: Frauenzeitschriften (1996), S. 151.
[9] Zimmermann, Clemens; Schmeling, Manfred (Hg.): Die Zeitschrift – Medium der Moderne. La Presse magazine- un média d lépoque moderne. Deutschland und Frankreich im Vergleich. Bielefeld 2006, S. 16.

speziell beim Einsatz von Fotomontagen in der Regenbogenpresse.[10] Die größte Bedeutung kommt den Frauenzeitschriften im 20. und 21. Jahrhundert zu – sie werden nur von den Programmzeitschriften übertroffen.[11] Während die Nachfrage an allgemeinen Publikumszeitschriften in Deutschland geringer wurde, verkauften sich 2010 4,3 Prozent mehr Frauenzeitschriften als im Jahr zuvor.[12]

2.1. Die Frauenzeitschrift

Die Frauenzeitschrift wendet sich primär an den weiblichen Leser. Wünsche und Bedürfnisse der weiblichen Leserinnen stehen im Fokus. Die Berichterstattung dreht sich vor allem um Mode, Kosmetik, das Leben in der Familie, Bildung und den Beruf der Frau. Gemeinsam haben alle Frauenzeitschriften, dass sie sich in der Regel an die Frau ab 18 Jahren wenden. Unterschieden wird zwischen den monatlich erscheinenden klassischen Frauenzeitschriften und den oft wöchentlich erscheinenden Zeitschriften der Regenbogenpresse.[13] Als Ursprung der Frauenzeitschrift gelten die in England im 18. Jahrhundert erschienenen „moralischen Wochenzeitschriften", die vorsätzlich „bürgerliche Gesinnung verbreiteten".[14]

Die Themenfelder stießen vor allem bei Frauen auf Interesse und so wandelte sich ein Teil der Publikationen inhaltlich zu Frauenjournalen, die zunächst den damaligen Bereich der „Frauenrolle" abdeckte. Themen wie Haushalt und Gesundheit wurden hervorgehoben. Das Wesen der heutigen Frauenzeitschriften hat sich kaum verändert. Zwei Drittel der Frauen beschäftigen sich nach wie vor mit jenen Frauenzeitschriften, die primär Mode, Familie, Haushalt, Gesundheit, Kosmetik und Unterhaltung als Themenfelder beinhalten.[15] Die Tatsache, dass viele Studien bescheinigen, dass Frauen durch Frauenzeitschriften dem „traditionellen häuslichen Bezug" verwiesen und zum Konsum angeleitet werden, bringt die Frage nach der

---

[10] Vgl. Tonscheidt: Frauenzeitschriften (1996), S.154 f.
[11] Vgl. Zimmermann: Die Zeitschrift (2006), S. 17.
[12] Vgl. URL: http://www.vdz.de/anzeigen-singlenews/hash/90cfea797f21c498d561fb6955b024ef/news/xuid406-gesamtauflagen-der-publikumszeitschriften-stabil/ (Stand 22.07.2011).
[13] Vgl. URL: http://www.medialine.de/deutsch/wissen/medialexikon.php?snr=2012 (Stand 18.07.2011).
[14] Ulze, Harald: Frauenzeitschrift und Frauenrolle. Eine Untersuchung der Frauenzeitschriften *Brigitte*, *Freundin*, *FürSie* und *Petra*. In: Hochschul-Skripten: Medien 1., Berlin 1979, S. 9.
[15] Vgl. Ulze: Frauenrolle (1979), S. 10f.

Funktion von Frauenzeitschriften auf.[16] Massenmedien – und demnach auch Frauenzeitschriften - erfüllen eine ökonomische Funktion. Jede Frauenzeitschrift handelt rational, um Erlöse zu generieren und um Teil des Marktprozesses zu sein. Diese Tatsache wird durch eine Funktionsanalyse von 1994 unterstützt und hebt am Ende sogar die ökonomische Funktion bei Frauenzeitschriften hervor. Demnach hatte der konsumberatende Teil, zu dem „Schönheit", „Mode zum Kaufen", „Kosmetik" und „Frisuren" zählen, bei fünf Titeln einen überdurchschnittlich hohen Anteil und somit lagen fünf Frauenzeitschriften an der Spitze von insgesamt 144 untersuchten Publikumszeitschriften.[17] Als weitere Funktionen wären die „Informationsfunktion" und die „ästhetische Funktion" zu nennen. Die Zeitschrift liefert hauptsächlich Informationen, welche sowohl den privaten als auch den persönlichen Bereich betreffen. Die ästhetische Funktion drückt sich durch die visuelle Gestaltung aus, die sich stetig weiter ausbreitet, da optische Reize scheinbar eine stärkere Bedeutung gewinnen.[18]

Aus den bereits genannten Funktionen bildet sich nach Sabine Tonscheidt eine Typologie von Frauenzeitschriften. Demnach sind sie in folgende Typen zu unterteilen: „Lehrer", „Modeberater", „Handarbeitsanleiter", „Kulturplaner", „Erotiker", „Gesundheitsführer" und „Freizeitgestalter". Zur Frauenzeitschrift, die als „Lehrer" fungiert, werden als Beispiel die konfessionellen Zeitschriften *Frau im Leben, Monika,* sowie die feministischen Magazine *Emma* und *Ypsilon* aufgeführt. Hier werden dem Leser Normen und Werte vermittelt, die als richtig und falsch vorgegeben werden. Sie sind immer meinungsbildend und anleitend. Der Typ „Handarbeitsanleiter" ist mit einem auffällig hohen Bildanteil versehen, die ästhetische Funktion ist an dieser Stelle also vorrangig. Meist werden Fotografien nur von knappen Bildunterschriften bzw. einem Anleitungsteil zum Selbermachen versehen. Mode und Accessoires bilden das Themenfeld. Im Vordergrund steht die Beratungsfunktion, die Werbefunktion kommt hier im Hintergrund zum Tragen. Als Beispiel dienen Titel wie *Burda Moden* oder *Strick&Schick*. Einen weiteren Typus bildet der „Kulturplaner". Wie der Titel bereits ausdrückt, stehen Berichte über das Kunst- und Kulturleben im Vordergrund. Als Beispiel dient der Titel *AB 40*. Hier dominieren die Unterhaltungs- und Informationsfunktionen deutlich. Der „Erotik"-

---

[16] Vgl. Röser, Jutta: Frauenzeitschriften und weiblicher Lebenszusammenhang. Themen, Konzepte und Leitbilder im sozialen Wandel. Opladen, Münster 1992, S. 13.
[17] Vgl. Tonscheidt: Frauenzeitschriften (1996), S. 157.
[18] Vgl. ebd., S. 161 f.

Typus hingegen berichtet über Sex und Erotik. Die Beratungs- und Unterhaltungsfunktion ist hier vorrangig. Als Beispieltitel sind die *Für Frauen* oder *Playgirl* zu nennen. Der „Gesundheitsführer" berichtet hauptsächlich über Wellness, Natur und Fitness. Nebensächlich werden aber auch die Themenfelder Mode, Kosmetik und Schönheit behandelt. Die vorherrschende Funktion ist die der Beratung und Sozialisation. Als Beispiel fungieren die Zeitschriftentitel *Goldene Gesundheit* oder *Vital*. Die sogenannten „Freizeitgestalter" werden als eben diese bezeichnet, da Lesen vornehmlich eine Freizeitbeschäftigung sei. Hauptmerkmal sind persönliche Schicksale von Frauen, die meistens in Romanform geschrieben werden. Als Beispiel dienen Titel wie *Meine Geschichte* oder *Mein Erlebnis*. Die Funktion die sich draus ergibt, ist die der Unterhaltung.

Letztendlich wäre noch ein letzter Typus zu nennen: Der „Modeberater". Dieser Frauenzeitschriftentyp ist vor allem für diese Arbeit relevant. Die Konzentration liegt nach Tonscheidt auf der Präsentation von Mode. Auch Beiträge zum Thema Schönheit, Kosmetik, Frisuren etc. finden im „Modeberater" ihren Platz. Das Bild wird durch die Unterhaltungs-, Beratungs-, Ratschlags-, ästhetische- und Werbefunktion geprägt. Als Beispiel sind Titel wie *Brigitte*, *Freundin* und *Für Sie* zu nennen.[19] Harald Ulze fasst die Frauenzeitschriften als ein Massenmedium zusammen, die eine Illusion des Frauenbildes schaffen und die Konsumentin selbst sei „(...) bereit, die fatale Konstruktion ihres Selbstbildes zu akzeptieren."[20]

2.2. Versuch einer Definition - Mädchenzeitschriften

Der Korrektheit halber sei ein weiterer Abschnitt der „Mädchenzeitschrift" gewidmet, da sie in dieser Arbeit ebenfalls als Untersuchungsgegenstand behandelt wird. Mädchenzeitschriften gehören dem Genre der Jugendpresse an. Eine exakte altersspezifische Eingrenzung ist aufgrund verschwimmender Grenzen zwischen Kindheit, Jugend und Erwachsensein kaum möglich. So richtet sich beispielsweise die Mädchenzeitschrift *Bravo Girl* an die 14- bis 19-jährigen Leserinnen.[21] Die Frauenzeitschrift *Brigitte* hat jedoch ebenfalls einen geringfügigen Anteil von 0,10

---

[19] Der komplette Abschnitt ist zu vergleichen mit: Tonscheidt: Frauenzeitschriften (1996), S.163fff.
[20] Ulze: Frauenrolle (1979), S. 46 f.
[21] Vgl. URL:
http://www.bauermedia.com/no_cache/de/produktfinder/action/mfDetail/singleID/913/mftitle/bravo_gir l/ (Stand 30.07.2011).

Prozent Leserinnen dieser Altersklasse. Trotzdem gibt es einen Ansatz von Lindgens-Knoche, die eine Grenze zwischen Jugend- und Erwachsenenpresse zieht. Demnach gibt es zwei Arten von Jugendpresse: die nicht-kommerzielle und kommerzielle. Die nicht-kommerzielle Jugendpresse ist durch pädagogische und jugendpolitische Zielsetzungen geprägt, während die kommerziellen Jugendzeitschriften, die nur einen Bruchteil des Jugendpressemarktes ausmachen, primär Gewinnerzielung anstreben und an den „Konsumbedürfnissen" der jugendlichen Leser ausgemacht werden.

Unterschieden wird zwischen den folgenden Typen: Musikzeitschriften, thematisch breit angelegten Zeitschriften, Comics und Mädchenzeitschriften.[22] Mädchenzeitschriften sind inhaltlich auf die Interessen und Bedürfnisse heranwachsender Frauen ausgerichtet. Gegenstandsbereich dieser Arbeit sind die kommerziellen Mädchenzeitschriften, also profitorientierte Zielgruppenzeitschriften für die weibliche Jugend. Sie werden vorrangig von den 14- bis 19jährigen Mädchen gelesen. Meistens befinden sich diese noch in der (Schul-)Ausbildung.[23] Als Untersuchungsgegenstand fungiert die Zeitschriften *Bravo Girl!*

2.3. Mode am Beispiel der Kleidung

Wie der Titel bereits verrät, ist Mode in seiner Bedeutung nicht auf die Kleidung zu reduzieren. Als der Begriff 1652 das erste Mal auftrat, mag das zwar der Fall gewesen sein, doch bereits Ende des 17. Jahrhunderts erweiterte sich die Bedeutung auf den wandelnden Geschmack in allen Lebensbereichen. So schrieb die *Neuen Moden- und Galanterie Zeitung* „dass der Begriff Mode nicht nur die Art der Tracht umfasst, sondern auch Haus und Hauseinrichtung, Essen und Trinken, Sitten und Gewohnheiten."[24] Hier mit völligem Selbstverständnis in Verbindung gebracht, wurden zumindest in der Volkskunde die Begriffe *Mode* und *Tracht* lange Zeit als Einzelphänomen betrachtet. Mode wurde auf der einen, Tracht auf der anderen Seite im Fachverständnis begründet.[25]

---

[22] Vgl. Weber, Monika: Mädchen-Zeitungs-Welten. Lebensrealität von Mädchen und ihr Bild in Mädchenzeitschriften. Münster 1991, S.78ff.
[23] Vgl. ebd., S. 38.
[24] Völkel: Die Modezeitschrift (2006), S. 14f.
[25] Vgl. Böth, Gitta: Kleidungsforschung. In: Rolf Wilhelm Brednich (Hg.): Grundriß der Volkskunde. Einführung in die Forschungsfelder der Europäischen Ethnologie. Berlin 2001, S. 221.

Jedoch bilanziert Torsten Gebhard in seiner Buchbesprechung, „(...) daß Volkstracht nichts anderes als eine regional spezifische Kleidung ist und nachweislich immer auch modische Elemente aufgewiesen hat."[26] Wenn man Mode aktuell betrachtet, so hat sie zweierlei Bedeutungen: Zum einem bezeichnet sie das Erscheinungsbild des Menschen anhand seiner Bekleidung (auch Frisuren, das Schminken etc. sind ebenfalls Teil des Erscheinungsbildes), zum anderen meint Mode die Art der Lebensführung und wird zeitgleich zum „(...) Spiegelbild innerer Vorgänge und des Entwicklungsstandes der jeweiligen Kultur."[27] Aus diesem Kontext ergibt sich folgende Definition von Mode:

„Mode ist eine auf der Imponier-, Geltungs- und Nachahmungstrieb, auf Schmuckbedürfnis (schöpferische Phantasie), erotische Anziehung, seit geschichtlicher Zeit auf Äußerung sozialer, seit der Neuzeit auch finanzieller Unterschiede, auf Zeitgeschmack, Sitte und Gesellschaftsform beruhende Art und Weise der äußeren Lebenshaltung. Mode ist somit Selbstdarstellung ebenso wie Ausdruck der Lebens- und Denkweise zumindest einer Gruppe von Menschen in einer Zeit. Die Lebensweise ihrerseits ist von sozialen, wirtschaftlichen, kulturellen, politischen und technischen Faktoren bestimmt."[28]

In dieser Arbeit ist jedoch vorrangig die *Kleidermode* von Interesse. Gabriele Mentges ist der Auffassung, dass die Kleidermode vor allem in den westlichen Ländern einen besonders bedeutsamen kulturellen und historischen Wert darstellt. Dadurch, dass die Kleidung unmittelbar mit dem Träger bzw. der Trägerin verbunden ist, verknüpfe sie Fragen der „Körpergeschichte mit der Genderkonstruktion, den Repräsentationsformen (...) [und] den gesellschaftlichen und kulturellen Vermittlungsprozessen (...)."[29] Von jeher hat Kleidung eine prägende kulturelle Macht, so Jacques LeGoff, die gleichwertig neben politische und rechtliche Institutionen zu stellen ist. Dass dies nicht von der Hand zu weisen ist, zeigen vor allem die Jahrhunderte, in welchen die Mode das erste Mal auftauchte.[30] Vom 15. – 18. Jahrhundert bedeutete Kleidermode lediglich die am *Hof getragene Kleidung*. Während im 15. Jahrhundert zunächst das Herzogtum Burgund weitgehend die Mode für ganz Europa bestimmte und anschließend die Renaissance in Italien, übernahm im 16. Jahrhundert Spanien die Führung in Modesachen. Im 17. Jahrhundert schaute man dann modisch nach Frankreich, denn dieses hatte Europa auch politisch übernommen.

---

[26] Gebhard, Torsten: Kleidung zwischen Tracht und Mode. Aus der Geschichte des Museums.1889-1989. In: Zeitschrift für Volkskunde 87 (1991), S. 159.
[27] Völkel: Die Modezeitschrift (2006), S. 15.
[28] Ebd., S. 15f.
[29] Mentges, Gabriele: Eine Einführung. In: Gabriele Mentges/ Heide Nixdorff (Hg.): Textil-KörperMode. Dortmunder Reihe zu kulturanthropologischen Studien des Textilen. Ebersbach 2001, S.11.
[30] Vgl. ebd., S. 11.

Hier entwickelte sich erstmals eine zweite Modeströmung fernab vom Hofe. Das Bürgertum kreierte eine eigene Mode, die nur teilweise an das höfische Pendant angelehnt war.[31] Nach der französischen Revolution löste die bürgerliche Mode die höfische ab und eine „(...)Verknüpfung von Mode und Lebensgefühl begann."[32] Stoffe und Formen variierten, Stile wurden weitergeführt und kurzlebige Mode wurde durch das Entstehen der Konfektionsindustrie im 19. Jahrhundert verstärkt. Mode war von nun an abwechslungsreich, preiswert und massenhaft herstellbar. Es stellte sich der einjährige Rhythmus ein, das heißt, ein Jahr vorher begann die Planung der Modelle und Stoffe, ein halbes Jahr vor der Saison wurden die Modelle im Handel geordert.[33]

Damit begann der Konsum von Kleidung, der immer wieder großen Anhang findet. Es sei eine Kombination aus der immer steigenden „ökonomischen Dimension" der Mode- und Textilwirtschaft, so Mentges. Hinzu kommen ästhetische Strategien und die gezielt beschleunigten Modetrends. Ein Ergebnis dieser Abläufe sei, dass die Vielzahl an Stilen – da es nunmehr nicht mehr *den* guten Geschmack gibt – den verschiedensten kulturellen Gruppen eine Darstellungsfläche bietet.[34] Es sind die unterschiedlichsten Motivationen, die zum Kleiderkauf bewegen. Mal ist es das „ ‚zufällige Entdecken eines schönen Stücks', mal ist es der ‚Alltagsfrust' ".[35] Kleidung bildet Identität und ist somit ein besonders geeignetes Instrument um das eigene Ich zu verändern und neu zu gestalten. Eine weitere Motivation bildet die Inszenierung von Kleidung in den Schaufenstern und Medien.[36] Eines, so Werner Sombart, ist Mode ganz besonders: „des Kapitalismus liebstes Kind."[37]

---

[31] Vgl. gesamten Abschnitt mit: Völkel: Die Modezeitschrift (2006), S. 16 f.
[32] Ebd., S. 17.
[33] Vgl. ebd., S. 17f.
[34] Vgl. Mentges: Eine Einführung (2001), S. 13.
[35] Willingmann, Heike: Kleid auf Zeit. Über den Umgang mit der Vergänglichkeit von Bekleidung. In: Gabriele Mentges/Heide Nixdorff: Textil-Körper-Mode. Dortmunder Reihe zu kulturanthropologischen Studien des Textilen. Ebersbach 2001, S. 159.
[36] Vgl. ebd., S. 159 f.
[37] Mentges: Eine Einführung (2001), S. 13.

2.3.1. Die „modische" Frau

Im 17. und 18. Jahrhundert war die modische Frau durch die gesellschaftlichen Gegebenheiten am Hofe und den Luxus der adeligen Frauen in Frankreich gekennzeichnet. Zu dieser Zeit hatte sich die modische Frau attraktiv zu geben, die Wirkung dessen wurde stets überprüft und überdacht. Im 19. Jahrhundert gab es eine Art sozialen Wandel, das Selbstbewusstsein der Frau veränderte sich und Modezeitschriften fingen an sich danach zu richten. Von nun an war die Modezeitschrift einzig für die Dame der gehobenen Gesellschaft gedacht, erkennbar an der Darstellung von beispielsweise prunkvollen Ballsälen oder gepflegten Salons.[38]

Es sind die Anfänge des 20. Jahrhundert, der wirtschaftliche Aufschwung und die industrielle Entwicklung, die Veränderungen in allen Lebensbereichen bringen. Erstmals erfährt die Frau berufliche Integration, Befreiung aus der Familie, Aufbrechung von Traditionen wie der Rolle als Hausfrau und Mutter und formelle Gleichberechtigung. Es ist der Anfang der „modernen" Frau.[39] Aus Frankreich erreichte in den 20er Jahren ein gänzlich neuer Frauenstil Deutschland und Europa. Die „geschnürte Silhouette" war nicht länger angesagt – Busen, Taille, Hüfte und Gesäß schienen nicht länger Bedeutung in der Modewelt zu haben.

Schlichte Schnitte, knabenhaft-schlanke Linie und die Bubikopf-Frisur waren von nun an Trend. Ein besonderes Ereignis unter den Neuerungen, welche die Mode mit sich brachte, ist die Hosenmode der Frau. Zum einem deshalb, weil sie etwas völlig neues, ein 2000 Jahre lang nicht gesehenes Ereignis darstellt und zum anderen, wegen der Einheit in der Mode, die von Mann und Frau, zurück gewonnen wurde.[40] Coco Chanel brachte den Matrosenstil, Sweater und Jersey-Kleider an die Frau. Alles war erlaubt, solange es Schlichtheit und männliche Attitüden aufwies. Die neue Frau war geboren und mit ihr der Gedanke an Emanzipation.[41] Ein weiteres Anzeichen für das sich wandelnde Frauenbild war die „Befreiung" des Beines - weg von langen Röcken - die der Frau eine neue Selbstwahrnehmung vermittelte.[42] Am Ende der 20er Jahre

---

[38] Völkel: Die Modezeitschrift (2006), S. 157.
[39] Vgl. Schmerenbeck, Peter: Die „neue Frau". Überlegungen zum modischen Wandel der Zwischenkriegszeit. In: Uwe Meiners: Korsetts und Nylonstrümpfe. Frauenunterwäsche als Spiegel von Mode und Gesellschaft zwischen 1890 und 1960. Oldenburg 1994, S. 49ff.
[40] Vgl. Bringemeier, Martha: Die Hosenmode der Frau. In: Gerda Schmitz (Hg.): Mode und Tracht. Beiträge zur geistesgeschichtlichen und volkskundlichen Kleidungsforschung, Münster 1985, S. 95.
[42] Vgl. Schmerenbeck: Frau (1994), S. 64f.

entwickelte sich eine gänzlich neue Tendenz. Schmerkenbeck führt aus, dass 1922 das *Jeversche Wochenblatt* verkündete: „Heute ist die Garconne tot, die Dame wieder auferstanden...".[43] Tatsächlich gab es einen Umbruch in der modischen Linie: Die Figur wurde wieder betont, das Korsett lebte wieder auf.

In den 30er Jahren wurde das Ideal an den „(...) faschistischen Mythos der gesunden nordischen Frau und Mutter [angepasst]."[44] In den 50er Jahren entwickelte sich der „New Look", der gar nicht so neu war. Prinzipiell wurde die Frau wieder in ihr altes Klischee gerückt. Kurze Röcke und Jacken mit gepolsterten Schultern mussten Abschied nehmen und die erneute Modellierung des Körpers nahm Einzug.[45] Ende der 50er Jahre wurden der Frau in Frauenzeitschriften „[...] bestimmte Eigenschaften zugeschrieben: sie war jung, schön, schlank, gepflegt, eine gute, heitere Mutter und liebenswürdig."[46] Äußerlich wollte die Frau wieder „schön" sein, hervorgerufen durch langjährige Entbehrungen und kriegsbedingten Frauenüberschuss. Die Veränderung des Frauenbildes führte zu der anlehnungsbedürftigen, exklusiven und gleichzeitig zerbrechlich wirkenden Frau. Zu typischen Kleidungsstücken wurden romantische Volants, Stöckelschuhe und trichterförmige Büstenhalter, die die Reize der Frau hervorheben, aber nicht zur Sexualität anregen sollten.[47] In den siebziger und achtziger Jahren wechselte das Bild in Frauenzeitschriften. Sie vermittelten von nun an, was von Frauen erwartet wurde, wie diese Erwartungen am besten erfüllt werden konnten und stellten gleichzeitig eine Belohnung für richtiges Verhalten in Aussicht: allgemeine Anerkennung.[48] Die aufgeführten Veränderungen im Frauenbild und der Mode, teilweise am Beispiel der Modezeitschriften, sind beispielhaft für die prägende Entwicklung der Frau, die ihren Anfang in eben diesen Jahrzehnten fand und für die Entwicklung der Darstellung der Frau in Modezeitschriften.

---

[43] Schmerenbeck: Frau (1994), S. 68.
[44] Ebd., S. 73.
[45] Vgl. ebd., S.73.
[46] Völkel: Die Modezeitschrift (2006), S. 158.
[47] Vgl. Meiners, Uwe: Zurück zur Figur. Unterwäsche im Zeichen des Wirtschaftswunder. In: Uwe Meiners: Korsetts und Nylonstrümpfe. Frauenunterwäsche als Spiegel von Mode und Gesellschaft zwischen 1890 und 1960, Oldenburg 1994, S. 78 ff.
[48] Vgl. Völkel: Die Modezeitschrift (2006), S. 159.

2.3.2. Mode in Frauenzeitschriften

Es sind nicht nur die Modefachzeitschriften, die sich mit der Materie „Mode" beschäftigen. Es finden sich unzählig viele Arten an Publikumszeitschriften – eine Vielzahl von ihnen fungiert als Frauenzeitschriften – die periodisch erscheinen, gewerblich hergestellt werden und sich mit dem Thema Mode beschäftigen. Gerda Buxbaum beschreibt diesen Typ als „gemischte Modezeitschrift".[49] Oft bildet Mode den umfangreichsten und ersten Teil in Frauenzeitschriften. Ferner nimmt er etwa ein Viertel bis ein Drittel der gesamten Ausgabe ein. Angebote käuflicher Modelle machen dabei oft den Anfang. Weiterhin nimmt der Bildanteil den meisten Raum ein. Oftmals sei ein Verhältnis von 1 zu 100 Normalzustand, so Harald Ulze. Außerdem solle die dargestellte Ware bei der Frau eine Assoziation zu dem Zustand der Befriedigung herstellen. Die Wirkung der dargestellten Mode diene lediglich der gesellschaftlichen Anerkennung. Attribute wie „schön", „sexy", „schlank", oder „sportlich bis zum neunten Monat" zählen bei gesellschaftlicher Anerkennung.[50]

2.4. Die Zeitschrift als volkskundliche Quelle

Zeitschriften werden in der Volkskunde selten als Quelle verwendet. Oftmals wurde die fehlende Berücksichtigung von Volkskundlern bemängelt und gleichzeitig erinnerte man an die Bedeutung dieser Quelle.[51] Schon Hannelore Roth-Blümcke forderte in den 1950er Jahren mehr Aufmerksamkeit für die Gattung der Zeitschrift.[52] Diese Arbeit befasst sich mit einem bestimmten Typ der Zeitschrift: Der Frauenzeitschrift. Dieser Typus taucht in einschlägigen Werken der Volkskunde nicht auf. Lediglich fachnahe Dissertationen, wie zum Beispiel die von Jasmin Wiedemann von 1996 „Mitgefangen, mitverkauft – Zur Situation ostdeutscher Frauenzeitschriften nach der Wende" oder Sabine Tonscheidts 1995 erschienene Arbeit „Frauenzeitschriften am Ende? *Ostdeutsche* Frauenpresse vor und nach der Wende 1989" behandeln das Genre näher.

---

[49] Vgl. Völkel: Die Modezeitschrift (2006), S. 21f.
[50] Vgl. Ulze: Frauenrolle (1979), S. 202.
[51] Riedel, Karl Veit: Tagespresse und Volkskunde. In: Beiträge zur deutschen Volks- und Altertumskunde (1967). S. 7.
[52] Vgl. Roth-Blümcke, Hannelore: Tageszeitung als Quelle volkskundlicher Forschung. In: Württembergisches Jahrbuch für Volkskunde (1957/58), S. 48.

Weiterhin ist an dieser Stelle die kulturgeschichtliche Dissertation „Die Modezeitschrift. ‚Vom Journal des Luxus und der Moden' zu ‚Brigitte' und ‚Elle' " von Anika Völkel zu nennen, welche die Entwicklung von Modezeitschriften festhält. Nach Rudolf Schenda, der sich mit Lesestoffen in der Volkskunde auseinander setzte, lautet die Definition von populären Zeitschriften wie folgt: „Ein Druckwerk, das ein oder mehr Prozent der Bevölkerung erreicht, darf ‚populär', das heißt: beliebt und bekannt, weit verbreitet oder ‚unter die Leute gekommen' genannt werden."[53] Demnach fallen die Frauen- und Mädchenzeitschriften, die in der Regel 160.000 bis 850.000 Exemplare[54] pro Ausgabe erreichen, in den wenigsten Fällen unter dieses in der Volkskunde behandelte Genre der populären Lesestoffe.[55] Eine nähere Eingrenzung des Typus „Frauenzeitschrift" war durch Tonscheids Zeitschriftenforschung möglich, die, wie bereits erläutert, die Frauenzeitschrift in sieben Typen unterteilt und jedem Typus seine eigene Funktion zuschreibt. Demnach sind die Frauen- und Mädchenzeitschriften, die in dieser Arbeit als Untersuchungsgrundlage fungieren, Bravo Girl!, Brigitte und Freundin Donna, dem Typ „Modeberater" zuzuschreiben.

Resümierend ist also an dieser Stelle festzuhalten, dass aufgrund der von der Volkskunde kaum beachteten Gattung der Zeitschrift eine noch speziellere Hinwendung zum Typ der Frauenzeitschrift bislang nicht stattfinden konnte. Da sich die Volkskunde der Disziplin der Soziologie angenähert hat, sind als Quelle einige Forschungsarbeiten von Soziologen, die dieses Themenfeld näher untersucht haben, in Betracht zu ziehen.

2.5. Kurzer Forschungsüberblick

Es existieren bereits einige Forschungsergebnisse aus den Bereichen der Soziologie, Publizistik und Medienforschung zu den Strukturen, Inhalten und Themen in Frauenzeitschriften. Wie bereits erläutert, bleibt es in der Volkskunde ein kaum beachtetes Themengebiet. Deutlich mehr Forschungsergebnisse sind im Bereich der

---

[53] Schenda, Rudolf: Leser- und Lesestoffforschung. In: Rolf Wilhelm Brednich (Hg.): Grundriß der Volkskunde. Einführung in die Forschungsfelder der Europäischen Ethnologie. 3. überarbeitete Aufl., Berlin 2001, S.386.
[54] Die verkaufte Auflage der Titel beträgt bei der Freundin Donna 300.000 Exemplare, Bravo Girl! 160.302 Exemplare und bei der Brigitte 655.372 Exemplare.
[55] Vgl. URL:
http://www.bauermedia.com/no_cache/de/produktfinder/action/mfDetail/singleID/913/mftitle/bravo_girl/ (Stand 30.07.2011), sowie URL: http://www.hubert-burda-media.de/geschaeftsfelder/magazine/inland/-freundin-donna_aid_17460.html (Stand 30.07.2011) und http://www.gujmedia.de/portfolio/zeitschriften/brigitte/?card=auflage_reichweite/ (Stand 30.07.2011).

Soziologie und Publizistik existent. Auffällig ist hierbei, dass bei der Behandlung von Frauenzeitschriften immer wieder die „Brigitte" als Quelle dient. Gleichermaßen in der Kulturwissenschaft wie zum Beispiel in Anika Völkels Arbeit „Die Modezeitschrift. Vom *Journal des Luxus und der Moden*' zu ,*Brigitte*' und ,*Elle*'", wie auch in Ulzes soziologischer Arbeit „Frauenzeitschrift und Frauenrolle. Eine aussagenanalytische Untersuchung der Frauenzeitschriften *Brigitte, Freundin, FürSie* und *Petra*". Auch Jutta Röser dient sie als Quelle in ihrer Arbeit „Frauenzeitschriften und weiblicher Lebenszusammenhang. Themen, Konzepte und Leitbilder im sozialen Wandel". Dieser Umstand ist auf die lange Existenz der Zeitschrift *Brigitte* zurück zu führen, die das erste Mal 1886 erschien und sich zu einer etablierten Frauenzeitschrift entwickelt hat.[56]

Zur Erforschung von Mädchenzeitschriften gibt es vor allem aus der pädagogischen und soziologischen Disziplin Forschungen, wie zum Beispiel die Dissertation von Monika Weber „Mädchen-Zeitungs-Welten", die darauf hinweist, dass an dieser Stelle große Forschungsdefizite herrschen. Auch hier wird das Thema der Mode nur am Rande angeschnitten. Die Untersuchung „Frauen-, Männer-, und Jugendzeitschriften: Konservative Rollenklischees und ihre Vermarktung in: ,Bravo', ,Brigitte', ,Playboy', ,Girl', ,Penthouse', ,Cosmopolitan' u.a." von Georg Hoefer und Kerstin Reymann ist für diese Arbeit nicht in den Betracht zu ziehen, da sehr subjektiv und wertend argumentiert wird. Das Thema „Mode in Frauenzeitschriften" wird immer wieder aufgegriffen, aber nicht als Schwerpunkt gesetzt, so auch, bis auf die Dissertation von Völkel, in den bereits genannten Veröffentlichungen. Warum es so wenige Forschungsergebnisse im Rahmen der Volkskunde gibt, lässt sich durch die jahrzehntelangen Forschungsschwerpunkte erklären, denn auch das Themengebiet der „Mode" existierte lange Zeit nicht. Die volkstümliche Kleiderforschung beschäftigte sich fast ausschließlich mit der „Tracht". Gitta Böth schreibt hierzu, dass die wissenschaftliche Volkskunde Schwierigkeiten mit der Behandlung des Themengebietes hat und beschreibt die Kleiderforschung als „Stiefkind" der volkskundlichen Forschungen.[57]

---

[56] Vgl. Völkel: Die Modezeitschrift (2006), S. 113.
[57] Vgl. Böth: Kleidungsforschung (2001), S. 221.

Andere wissenschaftliche Disziplinen wie die Psychologie, Soziologie, Philosophie und Ethnologie haben sich eher mit dem Phänomen „Mode" beschäftigt. Besonders setzten sich - wie auch in der Zeitschriftenforschung- die Soziologen mit dem Thema auseinander und zeigten die Funktionen der Mode auf.[58] Eine Begründung für die späte Auseinandersetzung der Volkskunde mit dem Thema der Mode sieht Böth in der Wissenschaftsauffassung begründet. Die Forschungsinhalte wurden vor allem durch langfristige Überlieferungen in der bäuerlichen Volkskunde definiert, so beschränkte sich die Kleidungsforschung auf die „in der Tradition verwurzelte (...) Tracht."[59] Die Mode schien ungeeignet, da zu kurzfristig. 1963 bearbeitete die Volkskundlerin Martha Bringemeier in ihrem Aufsatz „Die Hosenmode der Frau" erstmals ausführlich ein Teilgebiet aus dem Modekomplex.[60] Der überwiegende Teil der Kleidungsforschung war bisher auf die „Frauen(er)forschung" gerichtet, da es in den meisten Veröffentlichungen um die Kleidung von Frauen und Mädchen ginge, so Böth.[61]

An dieser Stelle ist auch zu verdeutlichen, dass die volkskundliche Kleiderforschung der Vorstellung der Jugend wenig Aufmerksamkeit geschenkt hat.[62] Aber auch die Frauenforschung war lange Zeit kaum Thema der volkskundlichen Forschung, so ist in der Enzyklopädie des Märchens von 1983 unter dem Stichwort „Frau" nachzulesen, dass „[d]as Interesse an der Thematik relativ jung [ist]."[63] Und erst „ (...) neuerdings kann von einer allg. Sensibilisierung für das Problem gesprochen werden."[64] Nichts desto trotz hat sich die Frauenforschung – im Gegensatz zur Kleiderforschung, speziell der Mode – mittlerweile als Forschungsfeld in der Volkskunde etabliert.[65] Den Anfang machte mit einer Serie von Frauenforschungstagungen 1984 Tübingen mit einem Workshop, der erst einmal der Bestandsaufnahme diente.

Volkskundlerinnen verlangten einen Verzicht auf Schwarzmalerei, die Frauen „ (...) entweder als unterdrückte ‚Opfer' männlicher Herrschaft darstellte oder als Teilhaberinnen und ‚Täterinnen' beschrieb."[66] Diese Art des Stereotypen Frau findet

---
[58] Vgl. Böth: Kleidungsforschung (2001), S. 223.
[59] Ebd., S. 223.
[60] Vgl. ebd., S. 223.
[61] Vgl. ebd., S. 226.
[62] Vgl. Gebhard: Kleidung (1991), S. 160.
[63] Moser-Rath, Elfriede: Art. Frau. In: Enzyklopädie des Märchens. Handwörterbuch zur historischen und vergleichenden Erzählforschung. Bd. 5., Berlin 1987, S. 101.
[64] Ebd., S. 101.
[65] Vgl. Lipp, Carola: Geschlechterforschung - Frauenforschung. In: Rolf Wilhelm Brednich (Hg.): Grundriß der Volkskunde. 3. verbess. Auflage, Berlin 2001, S. 329.
[66] Ebd., S. 331.

sich auch in der Beschreibung der *Frau* in der Enzyklopädie des Märchens wieder.[67] Frauenforschung war in der Anfangsphase additiv, d.h. bestrebt, gesellschaftliche Ausblendungen aufzuheben und die weiblichen Lebensformen sichtbar zu machen. Ein weiteres Bild, das von der Frau gepflegt wurde, ist das der Frau als „Hüterin der Sitte" aus der traditionalen Brauch- und Sachkulturforschung. Als Beispielliteratur fungiert an dieser Stelle „Frauenrechtliches in Brauch und Sitte" von Becker oder auch das „Handwörterbuch des deutschen Aberglaubens", welches die Frau in einen engen Zusammengang mit der Volksfrömmigkeit, mit Göttinnen und Heiligen bringt.[68]

Allgemeinhin bewegte sich das durch die Brauchsammlung stereotypisierte Frauenbild zwischen der Frau als Braut, Mutter oder Wöchnerin, deren zentrale Bezugspunkte Mann und Ehe waren oder als Negativbild in Form der unfruchtbaren und zerstörerischen Frau in Gestalt der Hexe oder des alten Weibes. Es ist ein sehr zählebiges Bild der Frau, das erst mit der Frauenforschung aufgehoben wurde. Man kam zu der Erkenntnis, dass „Braut", „Mutter" und „Wöchnerin" unterschiedliche gesellschaftliche Lebensformen umfassten.[69] Wie bereits mit der Enzyklopädie des Märchens angedeutet, gehört die Erzählforschung ebenfalls zu den wichtigen Traditionsfeldern des Fachs. Entscheidende Arbeiten, die hier für den Anfang der Frauenforschung verantwortlich sind, stammen von Elfriede Moser-Rath, unter anderem auch „Frauenfeindliche Tendenzen im Witz" – die Arbeit hatte 1978 große Diskussionen um die Frauenfragen ausgelöst.

In der neuen Erzählforschung haben sich die Perspektiven der Geschlechterforschung jedoch längst etabliert.[70] In den 60er und 70er Jahren wurden geschlechtsspezifische Fragen verstärkt ausgeblendet. Die Frauenbewegung in den 70 Jahren schaffte es, dass eine Hinwendung der Alltagsforschung zur Frau von statten ging. Eine einschlägige Publikation aus dieser Zeit ist „Die Familie" von Ingeborg Weber-Kellermann, die unter anderem die spezifischen Bedingungen historischen Frauenlebens sowie Frauenbewegung und Emanzipation in den Fokus rückte.[71] In den 80er Jahren ging es bei der volkskundlichen Frauenforschung um die Frau als das Andere. Durch Tübinger Forscherinnen wurde diese Betrachtungsweise jedoch überdacht.

---

[67] Vgl. Moser-Rath: Frau (1987), Sp. 100.
[68] Vgl. Lipp: Geschlechterforschung (2001), S. 336f.
[69] Vgl. ebd., S. 337f.
[70] Vgl. ebd., S. 339.
[71] Vgl. ebd., S. 340 f.

Sie zeigten am Verhalten der Frauen in der Revolution 1848/49, dass „sich historisch keine rigide Abgrenzung männlicher und weiblicher Handlungsräume nachweisen ließ."[72] Daraus entstand letztendlich ein neuer Ansatz, der mit dem Übergang zur Geschlechterforschung verbunden war. Frauen wurden von nun an nicht mehr isoliert betrachtet, sondern die Geschlechterforschung umfasste ein relationales Moment, das Frauen in Beziehung zu Männlichkeitsvorstellungen setzte.[73] Die neuen Ansätze in der Frauenforschung brachten außerdem eine neue Betrachtungsweise der Kleiderforschung mit sich:

> „Kleidung wurde nicht mehr nur als Zeichen (Weber-Kellermann 1991/92) oder als sozialer Indikator begriffen, sondern als komplexes Bedeutungssystem, das angesichts der Veränderung der Geschlechterbeziehung in der Moderne vieldeutig geworden war."[74]

3 Methode und Korpus

Die methodische Vorgehensweise wird in 3.2. näher erläutert. Das Korpus der Untersuchung bilden die Zeitschriften „BravoGirl", „Brigitte" und „Freundin Donna". In 3.1. wird zum einem die Auswahl der Ausgaben erläutert, zum anderen werden die Strukturen der einzelnen Profile beschrieben.

3.1. Die Zeitschriftenprofile

Als Korpus wurden die Ausgaben der *Bravo Girl!*, *Brigitte* und *Freundin Donna* gewählt. Für die Untersuchung wurden jeweils drei Ausgaben der genannten Titel in Betracht gezogen und dienen somit als Grundlage für die Analyse. Alle Ausgaben stammen aus den Jahren 2010 und 2011 und sind somit als „aktuell" zu betrachten. Die ausgewählten Ausgaben der *Bravo Girl!* sind folgende: *Bravo Girl!* Nr. 9 (2011), Nr. 16 (2011) und Nr. 26 (2010). Bei der *Brigitte* bilden die Untersuchungsgrundlage die Ausgaben Nr. 1 (2011), Nr. 6 (2011) und Nr. 17 (2011). Nr. 2 (2010), Nr. 6 (2011) und 7 (2011) sind die ausgewählten Ausgaben der *Freundin Donna*. Ausgabe 2 (2010)

---
[72] Lipp: Geschlechterforschung (2001), S. 344.
[73] Vgl. ebd., S. 344.
[74] Ebd., S. 346.

gehört zu den Testausgaben der *Freundin Donna*, sie wurde jedoch trotzdem für die Analyse ausgewählt, um den Vergleich zu einer Winterausgabe zu ermöglichen. Die aufgezählten Zeitschriften wurden als Untersuchungsgegenstand ausgewählt, da sie sich an unterschiedliche Altersstufen wenden und in jeweils anderen Verlagen erscheinen.

Die *Bravo Girl* spricht die jüngsten „Frauen" bzw. Mädchen von 14 bis 19 Jahre an. Die *Brigitte* die Frau bis 40 und die *Freundin Donna* die Frau ab 45. Mit dieser Auswahl der Zeitschriften ist es möglich, ein umfassendes Bild zu konstruieren. Bei der Ausgabenwahl wurde sich grob an unterschiedlichen Jahreszeiten orientiert, um nicht nur saisonale Mode betrachten zu können. Die Ausgaben decken somit den Winter- und Sommermodenteil ab. Des Weiteren wurden diese Titel ausgesucht, da sie eine hohe Auflagenzahl haben und sich bereits auf dem Zeitschriftenmarkt etabliert haben. Die *Freundin Donna* ist zwar eine relativ junge Zeitschrift, stammt jedoch von der ebenfalls etablierten Zeitschrift *Freundin* ab. Bei der Analyse wurde die Anzeigenwerbung unbeachtet gelassen, es wurde sich rein auf den redaktionellen Teil gestützt.

3.1.1. Bravo Girl

Die Zeitschrift *Bravo Girl!* erscheint im Heinrich Bauer Verlag.[75] Sie wurde mit Sonderausgaben im Juni 1986 und im September 1987 getestet. Seit Januar 1988 erscheint sie regelmäßig in 14tägigem Rhythmus zum Preis von 1,70 Euro.[76] Sie ist der in Europa meistverkauften Jugendzeitschrift *Bravo* unterzuordnen. Neben der *Bravo Girl!* erscheinen in Deutschland mittlerweile die *Bravo Sport* und *Bravo HipHop Special*.[77] Nach eigenen Angaben des Verlags sollen die jungen Leserinnen in Mode- und Stylingfragen unterstützt werden. Auch auf deren alltägliche Probleme und Bedürfnisse werde eingegangen. „Girls" bekämen die Antworten, die ihnen sonst

---

[75] Vgl. URL:
http://www.bauermedia.com/no_cache/de/produktfinder/action/mfDetail/singleID/913/mftitle/bravo_girl/ (Stand 30.07.2011).
[76] Vgl. Weber: Mädchen-Zeitungs-Welten (1991), S. 91; Vgl. URL:
http://www.bauermedia.com/no_cache/de/produktfinder/action/mfDetail/singleID/913/mftitle/bravo_girl/ (Stand 01.08.2011).
[77] Vgl. URL: http://www.bauermedia.com/no_cache/de/produktfinder/ (Stand: 30.07.2011).

keiner gebe.[78] Der Nachahmungsfaktor läge bei 100% und „alles was die Girls haben müssen, sagt Ihnen *Bravo Girl!* (...)."[79]

Da wie bereits erläutert, eine exakte Absteckung der Frauen- und Mädchenmagazine durch schwimmende Grenzen nicht möglich ist, wird die *Bravo Girl!* trotzdem als Untersuchungsgestand dieser Arbeit dienen und deckt somit den jüngsten Teil der Modekonsumentinnen bis ca. 19 Jahre ab. Die *Bravo Girl!* wird vom Verlag selbst als das erfolgreichste Magazin für Mädchen und junge Frauen auf dem deutschen Markt bezeichnet. Die Kernbereiche bilden „Stars", „Mode", „Beauty" und „Jungs".[80] Dies bestätigt sich beim Blick auf die Titelseite. Hinzu kommen die Rubrik „Spaß und Tests", die Poster, Witze, peinliche Geschichten und einen Fotoroman beinhaltet, sowie die Rubrik „Leben", die hauptsächlich aus Reportagen und Meinungsumfragen besteht.[81]

Die Titelblätter werden seit 1988 ausschließlich von unbekannten Jungen und Frauen geziert, um bei der Leserin eine hohe Identifikation zu erreichen.[82] Als Extra beinhaltet jede Ausgabe ein Geschenk für die Leserin. Die untersuchten Ausgaben enthielten beispielsweise „Vanessas stylisches Fußkettchen" oder ein „Süßes Armband mit Anhänger"[83]. Die Zeitschrift erzielt bei jungen Frauen eine Reichweite von 0,45 Millionen, bei Jungen 0,03 Millionen, mit einer Auflage von 160.302 verkauften Exemplaren (eigene Berechnungen der IVW II2011).[84] Die Seitenanzahl umfasst in der Regel 74-90 Seiten.[85]

---

[78] Vgl. URL: http://www.bauermedia.com/no_cache/de/produktfinder/action/mfDetail/singleID/913/mftitle/bravo_girl/ (Stand 30.07.2011).
[79] URL: http://www.bauermedia.de/b_girl.html (Stand 01.08.2011).
[80] Vgl. URL: http://www.bauermedia.de/b_girl.html (Stand 01.08.2011).
[81] Vgl. *Bravo Girl!* 4(2010), S. 3.
[82] Vgl. Weber: Mädchen-Zeitungs-Welten (1991), S. 92.
[83] Titelblatt *Bravo Girl!* 16(2011), S. 1.;Titelblatt *Bravo Girl!* 26(2010), S. 1.
[84] Vgl. URL: http://www.bauermedia.com/no_cache/de/produktfinder/action/mfDetail/singleID/913/mftitle/bravo_girl/ (Stand 01.08.2011).
[85] Diese Einschätzung (inklusive Einband) bezieht sich auf die untersuchten *Bravo Girl!* Ausgaben.

3.1.2. Brigitte

Dies Blatt gehört der Frau ist die Vorgängerin der heutigen *Brigitte*. Erstmals erschien sie am 3. Juli 1886 im Friedrich Schirmer Verlag, hieß später *Ullsteins Blatt der Hausfrau*, danach *Brigitte*. Heute ist sie die älteste Frauenzeitschrift auf dem Markt. Acht Seiten umfasste die erste Ausgabe, im 6. Jahrgang steigerte sich dies auf 16 Seiten.[86] Mode war zunächst ein Randthema, erschien höchstens in längeren Einspaltern. 1893 nahmen Beschreibungen und Abbildungen zur Mode etwa ein Drittel des redaktionellen Teils ein.[87] Seit 1906 erschien *Dies Blatt gehört der Hausfrau* abwechselnd als Mode- oder als Unterhaltungsheft. Mode wurde neben „Das Reich der Hausfrau" und „Nach getaner Arbeit" zu einer Hauptrubrik.

Die zu dieser Zeit herausgebende jüdische Familie Ullstein musste den Verlag im Juni 1934 für einen Zehntel des Wertes an eine anonyme NS-Treuhändlergesellschaft verkaufen.[88] 1954 hieß die Zeitschrift nur noch *Brigitte* und hatte im letzten Quartal eine Auflage von 200.000 Exemplaren. Mit dem neuen Herausgeber John Jahr stiegen die Verkaufszahlen enorm an. Der neue Stil der *Brigitte* beinhaltete vor allem eines: Beratung. Beratung zunächst im Sinne von Näh- und Strickanleitungen und Schnittmodellen. Im ersten Quartal des Jahres 1976 erreichte die *Brigitte* mit 1,55 Mio. Zeitschriften ihren Höhepunkt. Sie wurde aufgrund von Abverkaufsproblemen mit der *Constanze* zusammengelegt und so stieg die Auflage zunächst stetig. In den 80er Jahren beträgt der Anteil an „Mode" und „Kosmetik" nur noch 40 Prozent, 60 Prozent entfielen auf die Rubriken „Haushalt", „Wohnen", „Lebenshilfe", „Unterhaltung", „Reisen" und seit den 70ern hinzugekommen „Emanzipation", „Umwelt" und „Randgruppen".[89]

Die heutige *Brigitte* wird zu den „klassischen Frauenzeitschriften" gezählt und erreicht die meisten Leserinnen in einem Alter zwischen 30 und 59.[90] Sie umfasst in der Regel zwischen 190 und 237 Seiten und erscheint im Gruner + Jahr Verlag.[91] Die Leserin ist der Mittelschicht zuzuordnen, ist besser ausgebildet und häufiger berufstätig als der Durchschnitt. Die Moderubrik beinhaltet Luxusartikel auf der

---

[86] Vgl. Völkel: Die Modezeitschrift (2006), S.113 f.
[87] Vgl. Völkel: Die Modezeitschrift (2006), S.116.
[88] Vgl. Völkel: Die Modezeitschrift (2006), S.117 f.
[89] Vgl. Völkel: Die Modezeitschrift (2006), S.120 f.
[90] Vgl. URL: http://www.gujmedia.de/portfolio/zeitschriften/brigitte/?card=leserschaft/ (Stand 01.08.2011).
[91] Die Einschätzung bezieht sich auf den Rahmen der untersuchten *Brigitte* Ausgaben.

einen, modische Billigmode auf der anderen Seite. Der Teil für Kleidermode umfasst generell ca. 30 Seiten, im Januar und August steigt die Seitenanzahl auf 50, um die neuen Trends der Saison vorzustellen.[92] Der Verlag beschreibt den Anspruch seiner Leserin als sehr hoch, so verlange die Leserin „nicht nur exzellente Unterhaltung und verlässliche Information, sondern vor allem: einen starken Nutzen."[93] Die Initiative „Ohne Models" beschreibt der Verlag als einen neuen zeitgemäßen Weg, Mode und Kosmetik darzustellen und außerdem rücke man damit die Persönlichkeit der Frau in den Vordergrund.[94]

Die *Brigitte* hat eine Druckauflage von 839.000 Stück, die verkaufte Auflage umfasst 655.372 Exemplare. Sie erreicht 3,8 Millionen Leser, wobei sich der Anteil der Leserinnen auf 3,04 Millionen und der der Männer auf 0,14 Millionen verteilt (stützt sich auf MA2011 II).[95] Neben der *Brigitte* gibt es Themenhefte wie die *Brigitte Woman*, die *Brigitte Balance* und die *Brigitte Mom*.[96]

3.1.3 Freundin Donna

Die *Freundin Donna* ist die jüngste der untersuchten Zeitschriften. Erstmals erschien sie nach "sehr erfolgreichen [Test-]Ausgaben sowohl im Vertriebs- als auch im Anzeigenmarkt", im April 2011.[97] Sie erscheint im Huberta Burda Media Verlag und soll der im Gruner + Jahr Verlag erscheinenden *Brigitte Woman* Konkurrenz machen. Die Zielgruppe beläuft sich auf die Frau ab 45 Jahren. Der Verlag selbst beschreibt die Leserin der *Freundin Donna* als sehr „ (...) bedürftig nach Beratung, Bestätigung und Hilfestellung."[98] Dies führt der Verlag auf die massiven Einschnitte, die einen jenseits der 40 erwarten, zurück. Darunter fallen Kinder, die in die Welt hinausziehen, ebenso wie Gesundheit und Partnerschaft. Weiterhin werden der Leserin Attribute wie

---

[92] Vgl. Völkel: Die Modezeitschrift (2006), S.122 f.
[93] URL: http://www.gujmedia.de/portfolio/zeitschriften/brigitte/?card=profil (Stand 01.08.2011).
[94] Vgl. URL: http://www.gujmedia.de/portfolio/zeitschriften/brigitte/?card=profil (Stand 01.08.2011).
[95] Vgl. URL: http://www.gujmedia.de/portfolio/zeitschriften/brigitte/?card=auflage_reichweite (Stand 01.08.2011).
[96] Vgl. URL: http://www.gujmedia.de/portfolio/zeitschriften/brigitte/?card=familie (Stand 01.08.2011) und URL: http://www.gujmedia.de/portfolio/zeitschriften/brigitte/?card=brigitte_mom (Stand 01.08.2011).
[97] URL: http://meedia.de/nc/details-topstory/article/burda-bringt-donna-an-den-kiosk_100031710.html (Stand 01.08.2011).
[98] URL http://www.hubert-burda-media.de/geschaeftsfelder/magazine/inland/-freundin-donna_aid_17460.html (Stand 01.08.2011).

„positiv eingestellt, neugierig, lebenshungrig und definitiv zu jung, um zu alt zu sein!" zugeschrieben.[99]

Die Betonung der Machart liegt auf den besonders großen Bildern und hochwertigen Produktionen. Die Auflage beträgt nach Verlagsangaben 300.000 Exemplare, sie kostet pro Ausgabe 3,00 Euro und erscheint im Gegensatz zu den Zeitschriften *Bravo Girl!* und *Brigitte* monatlich.[100] Da die Zeitschrift *Freundin Donna* erst seit kurzer Zeit auf dem Markt erhältlich ist, gibt es keine weiteren Forschungsergebnisse. Sie eignet sich als Analysematerial, da sie von der etablierten Frauenzeitschrift *Freundin* abstammt und in einem anderen Verlag als *Bravo Girl!* Und *Brigitte* erscheint. Somit erscheint ein Vergleich vielseitiger.

3.2. Methodische Vorgehensweise

Im Folgenden werden zunächst die Erkenntnisinteressen dargelegt und im Anschluss konkretisiert. Weiterhin wird das Messinstrument der Untersuchung bestimmt und erläutert. Angewendet wurde die Diskursanalyse auf die bereits beschriebenen Ausgaben von Frauenzeitschriften. Wie bereits erläutert, wurden drei Frauenzeitschriften gewählt, die sich an unterschiedliche Zielgruppen wenden und somit das Alter der Frauen von ca. 14 bis über 60 Jahre abdecken. Weiterhin stammt das Korpus aus den Jahren 2010 und 2011. Für die Analyse wurden zu jeder Zeitschrift jeweils die zu Beginn der Untersuchung aktuellsten Ausgaben aus dem Handel erstanden.[101]

Da sich die Untersuchung jedoch nicht nur auf eine Jahreszeit beschränkt, wurden die jeweils anderen zwei Exemplare, die zur Verfügung standen, im Internet nachbestellt. Aus diesem Grund und weil die *Freundin Donna* in einem monatlichen Rhythmus erscheint, konnte nicht auf die gleichen Ausgabennummern zurück gegriffen werden.[102] Es wurde lediglich der Redaktionsteil untersucht, der Anzeigenteil war für diese Analyse nicht von Interesse. Texte von Produktvorstellungen, die in redaktionellen Kontext eingebunden sind, wurden jedoch in die Analyse mit

---

[99] URL: http://www.hubert-burda-media.de/geschaeftsfelder/magazine/inland/-freundin-donna_aid_17460.html (Stand 02.08.2011).
[100] Vgl. URL: http://www.hubert-burda-media.de/geschaeftsfelder/magazine/inland/-freundin-donna_aid_17460.html (Stand 02.08.2011).
[101] Es handelt sich hierbei um folgende Ausgaben: *BravoGirl!* 16(2011*), Brigitte 17*(2011) und *Freundin Donna* 7(2011).
[102] Die Zeitschriften *Bravo Girl!* und *Brigitte* erscheinen 14-täglich.

eingebunden. Layout, Farbauswahl und Bilder wurden bei der Untersuchung nicht berücksichtigt.

3.2.1. Konkretisierung der Erkenntnisinteressen

Ausgehend von der vorangegangen Beschreibung der Machart und Themendarstellung in Frauenzeitschriften und der besonderen Hinwendung zum Thema Mode, ist es interessant zu untersuchen, inwiefern Mode eingesetzt wird, um die Leserin möglichst effektiv zum Konsum anzuleiten. Da sich die drei untersuchten Zeitschriften an jeweils anderen Zielgruppen orientieren, ergibt sich die Frage nach einem Vergleich. Welche Kategorien, die in den Bereich der Mode fallen (Schuhe, Taschen, Uhren etc.), sind in welcher Zeitung elementarer? Wo gibt es Überschneidungen? Wird Mode von denselben Produktherstellern präsentiert? Welchem Stereotypen die jeweilige Zielgruppe entspricht, bzw. gibt es überhaupt einen Stereotypisierungsprozess? - Aus diesem Fragenkomplex bildet sich ein theoretischer Rahmen, welcher zwei Annahmen beinhaltet, die sich auf die Aussage von Mode in Frauenzeitschriften beziehen und im Verlauf der Untersuchung zu erhärten sind.

Annahme[1]: Die Darstellung der Mode weist, ausgerichtet auf die jeweilige Zielgruppe, unterschiedliche elementare Schwerpunkte auf.

Annahme[2]: Die Frau wird mittels der Darstellung von Mode stereotypen Rollen verwiesen, die zum Ziel eine möglichst hohe Identifikation und damit einhergehende Konsumfunktion hat.

3.2.2. Das Messinstrument: Die Diskursanalyse

In der Volkskunde ist die Kulturanalyse des Diskurses ein anerkannter Forschungszugang zu Texten, die obwohl sie in anderen Disziplinen gegründet wurde, einen berechtigten Platz in der Volkskunde beanspruchen kann. Ihr Gegenstand ist kollektiver Natur, an soziale Gruppen und kulturelle Strategien gebunden, sowie durch handelnde Individuen repräsentiert.[103] Sie bietet sich, nach Andreas Hartmann, in zweifacher Hinsicht an: „zum einen in Bezug auf die Organisation des eigenen

---
[103] Vgl. Hartmann, Andreas: Über die Kulturanalyse des Diskurses – Eine Erkundung. In: Zeitschrift für Volkskunde 87 (1991), S. 28.

Fachdiskurses, zum anderen in Bezug auf Diskurse, die außerhalb der Disziplin stehen."[104] Er definiert die Diskurse als Denk- und Argumentationssysteme und übernimmt einen Definitionsversuch von Michael Titzmann, der 1989 die Diskurse in drei wesentliche Gesichtspunkte unterteilte.

Demnach konstituiert sich ein Diskurs durch den einer „Textklasse gemeinsamen Redegegenstand", „durch die Regularien über diesen Gegenstand" und drittens durch ihre „Relationen zu anderen Diskursen".[105] Dabei können literarische und andere Produktionen gleichermaßen Objekt der Betrachtung werden. Daraus ergibt sich die Frage, inwiefern diese Objekte auf welche Weise kulturelles Wissen organisieren.[106] Weiterhin wird die Bedeutung innerhalb eines Erörterungszusammenhangs dadurch produziert, dass die Begriffe und Argumentationsstrategien auf eine bestimmte Weise in Korrelation gebracht werden. Außerdem, so Hartmann, bringt der Diskurs ständig neue Zeitrhythmen hervor, die er, also Hartmann, von anderen Zeitsystemen abhebt und in mögliche eigene Kategorien strukturiert, die wie folgt lauten: Rekurs, Zitat, Kommentar, Vergleich. Ergänzend führt er aus, dass der Rekurs jene Kategorie wäre, welche die anderen drei zusammenfasst.[107]

Als einen weiteren zentralen Aspekt in diesem Zusammenhang ist die „Schrift" zu nennen, da sie das Medium ist, in welchem sich die Erörterungszusammenhänge manifestieren. Hartmann beschreibt dies folgendermaßen: „Diskurse sind durch ihre Textualität mit den Anstalten des geschriebenen Wortes, mit ihren jeweiligen Organisationsformen sowie mit den Anliegen, die sie vertreten, verbunden."[108] Die Diskursanalyse untersucht ihren Gegenstand auf vier Ebenen: der „Grammatik", der „institutionellen Verstrickung", den „Eigenschaften des Subjekts, seinen Ort, sein Handeln, die Position und das soziale und kulturelle Kapital", sowie der „Transformation des Diskurses".[109] Die Diskursanalyse ist Messinstrument der folgenden Untersuchung, da sie, wie bereits beschrieben, in der Volkskunde eine etablierte Zugangsmöglichkeit zu Texten ist und weil sie eine facettenreiche Analyse der zentralen Fragestellungen ermöglicht.

---

[104] Hartmann: Kulturanalyse (1991), S. 22.
[105] Ebd., S. 20.
[106] Vgl. ebd., S. 20.
[107] Vgl. ebd., S. 25.
[108] Ebd., S. 26.
[109] Vgl. ebd., S. 27 f.

4 Kleidung als Indiz der modernen Frau in Frauenzeitschriften

In diesem Kapitel wurden die Zeitschriften *Bravo Girl!*, *Brigitte* und *Freundin Donna* nach den Erkenntnisinteressen untersucht. Zunächst wurde jede Zeitschrift nach den jeweiligen elementaren Aspekten der Modedarstellung untersucht und im Anschluss daran wurden eventuelle Stereotypisierungen herausgefiltert. Ein Vergleich der elementaren Aspekte in der Darstellung von Mode ist in Kapitel 4.4. nachzulesen.

4.1. Bravo Girl!

In der Rubrik „Mode & Trends" erscheinen Modereportagen mit vielen großen und kleinen Fotos und Kurzbeschreibungen des Gezeigten, dazu Angaben zu Kleidermarken und Preisen. Sie bilden den verhältnismäßig größten Anteil in der *Bravo Girl!*. In der Ausgabe 9 (2011) beinhalten 16 von insgesamt 90 Seiten Modestrecken mit reinen Produktempfehlungen und Berichten über das Styling von Stars.[110] Auf diesen Seiten wird durchgehend Werbung für Kleidung und zugehörige Accessoires gemacht. Bezogen wurde sich dabei auf redaktionelle Beiträge zum Thema „Kleidung", dieser Anteil ist bei allen drei untersuchten Ausgaben etwa gleich hoch. Werbung für Kosmetikprodukte und Anzeigenanteile sind ausgenommen. Bereits das Inhaltsverzeichnis zeigt eine erste Tendenz, auf welche Weise die Mode der jungen Leserin mit geringer Verfügung über Budget präsentiert wird. Mit beispielsweise „Günstig 120 Trendteile unter 20 Euro" verweist das Inhaltsverzeichnis auf die folgenden Seiten.[111] Da die Konsumentin in der Regel noch Schülerin oder Auszubildende ist, kann sie sich lediglich preiswerte Produkte leisten und wird an dieser Stelle mit „Shorts unter 15 Euro" und „Armschmuck unter fünf Euro"[112] gezielt angesprochen.

Dies unterstreicht die Gewinnorientierung von Mädchen- und Frauenzeitschriften, die in Kapitel 2.2. bereits als Funktion der Zeitschriften erläutert wurde. Weiterhin ist die Darstellung der Mode breit gefächert, es gibt kaum Konzentration auf beispielsweise Hosenmode oder Schuhmode. Im Gegenteil ist die Vielfalt der präsentierten Mode

---
[110] Vgl. *Bravo Girl!* 9 (2011), S. 4-14, S. 42-45, S.90.
[111] Vgl. *Bravo Girl!* 9 (2011), S. 3.
[112] Vgl. *Bravo Girl!* 9 (2011), S. 8f.

auffällig. Der Leserin wird impliziert, dass selbst das tollste „Outift" ohne Accessoire nichtssagend ist und umgekehrt. So wird zum Beispiel eine Tasche mit „welches Girl liebt sie nicht? Sie sind nicht nur praktisch, sondern ein stylisches Accessoire, auf das man nur schwer verzichten kann"[113] beschrieben. Oder aber auch am Beispiel von Tüchern, die „(...) peppen jedes Outfit auf!".[114] Auf diese Weise kann die Zeitschrift viele Hersteller bei den Produktempfehlungen unterbringen und Gewinne erzielen. Die Hersteller auf die sich bezogen wird, bieten ausschließlich günstige Mode an. Als Beispiel fungieren „Deichmann", „Orsay", „H&M", „Primark", „New Yorker", oder „Bonprix".[115]

In jeder der drei untersuchten *Bravo Girl!* Zeitschriften wird auf jeweils vier Seiten, die mit „Trend" betitelt sind, vorgegeben, welche Form der Bekleidung „in" und, welche „out" ist.[116] So bleibt der Leserin keine freie Wahl oder die Möglichkeit einer eigenen Geschmacksentwicklung - wenn sie „In" sein möchte, muss sie sich an die Vorgaben der Redaktion halten. „In" sind beispielsweise Shorts in kunterbunten Mustern, die im Sommer ein „MUSS" sind, so die Redaktion in der Ausgabe 16 (2011).[117] Auch Männer-Hemden sind im Trend, denn „[L]ässiger geht es kaum (...)".[118] Out hingegen sind „kindische" Outfits, als Beispiel fungiert ein T-Shirt mit Batman-Aufdruck, das mit einem Tüllrock kombiniert wird.[119] Wie dieses Beispiel zeigt, existiert die „Out"-Kategorie nur scheinbar, da in dieser lediglich abwegige Produkte dargestellt werden, die auch sonst nicht im Fokus der Leserin stehen würde. Bestätigt wird dies durch das Verhältnis von „In" und „Out" Kategorien, so taucht letztere lediglich vier Mal auf, während Produkte 23 Mal als „In" bezeichnet werden.[120] Jeder „In"-Kategorie werden von der Redaktion entsprechende Produktbeispiele und Hersteller beigefügt. Die Redaktion unterstützt die Darstellung mit kurzen Beschreibungen des Produkts, die die Leserin zum Konsum anregen sollen. So schreibt sie „Wer IN sein will, holt sich jetzt eine Jacke mit Fellkragen"[121] oder „Gläubig oder nicht: Kreuz-Ketten sind einfach hot! DAS kannst du ruhig glauben."[122] Dem Leser wird vermittelt, wer nicht aus der Mode kommen und gesellschaftlich anerkannt werden möchte,

---

[113] *Bravo Girl!* 9 (2011), S. 13.
[114] *Bravo Girl!* 9 (2011), S. 13.
[115] Vgl. *Bravo Girl!* 9 (2011), S. 12f.
[116] Vgl. *Bravo Girl!* 9 (2011), S.4-7; *Bravo Girl!* 16 (2011), S. 4-7; *Bravo Girl!* 26 (2010), S. 4-7.
[117] Vgl. *Bravo Girl!* 16 (2011), S. 6.
[118] *Bravo Girl!* 16 (2011), S. 7.
[119] Vgl. *Bravo Girl!* 16 (2011), S. 4.
[120] Vgl. *Bravo Girl!* 16 (2011), S. 4fff.
[121] *Bravo Girl!* 26 (2011), S. 4.
[122] *Bravo Girl!* 26 (2011), S. 4.

der sollte diese Produkte erwerben. Um die Gewinnfunktion zu optimieren, werden in der *Bravo Girl!* die meisten Produkte an die Kleidung der Stars angelehnt, die als Vorbildfunktion fungieren bzw. zur Nachahmung anregen sollen. So ist fast neben jedem Produkt ein „Star" abgebildet, der dieses oder ein ähnliches Produkt trägt. Die Beiträge der Redaktion werden angepasst und lauten beispielsweise „Supergirl Rihanna reicht ein Armband nicht – bei ihr müssen es sechs auf einmal sein!"[123] oder „(...) mach es wie Leighton, trimm ein Hemd mit einem Gürtel (...)"[124]. Elementar ist die angepasste Darstellung von Mode an die Jahreszeiten. So werden in der Winterausgabe 26(2011) Winterjacken mit Fellkragen, Mützen mit Ohrenklappen und Shorts als Winterkombi vorgestellt, in der Sommerausgabe kurze Shorts und „schlumpfige Kleider".[125] Auffällig ist jedoch, dass die Mode nicht auf die Jahreszeit reduziert wird und teilweise unabhängig von dieser präsentiert wird. So werden in der Winterausgabe auch Trainingsschuhe, „wild gemusterte Armreifen"[126], Kleider und Shirts vorgestellt.[127]

Im Wesentlichen wurden bisher die Schwerpunkte der Darstellung von Mode in der *BravoGirl!* untersucht und herausgearbeitet. Ein Vergleich der elementaren Aspekte in der Darstellung von Mode mit den Zeitschriften Brigitte und Freundin Donna ist in 4.4. nachzulesen. Die zweite Annahme, dass die Frau durch die Darstellung der Mode einem Stereotypen entspricht, soll nun in einem nächsten Schritt untersucht werden.

Eines hat das „modische" Mädchen laut Redaktion vor allem zu sein: *cool*. So finden sich beispielsweise auf einer Seite diese Beschreibungen: „(...)die *coolen* Höschen gibt es schon ab unglaublichen 8 Euro", „In *coolem* Sweatstoff", und „Generell kann man *coole* T-Shirts fast immer und zu allem tragen (...)".[128] Neben *Coolness* wird der jungen Leserin impliziert, dass Kleidung, die *niedlich* und *süß* ist, erstrebenswert sei. So zum Beispiel in Heft Nr. 26 „Diese Russenmützen sehen(...) supersüß aus."[129], in Nr.16 „Einfach eine süße Blumenbrosche draufstecken, fertig"[130] oder etwa „Der gelbe Gürtel (...) sieht mit der farblich passenden Blume mega-niedlich aus"[131]. Auch *Lässigkeit* ist ein von der Redaktion häufig benutztes Attribut bei der Beschreibung

---
[123] *Bravo Girl!* 26 (2011), S. 7.
[124] *Bravo Girl!* 9 (2011), S. 7.
[125] Vgl. *Bravo Girl!* 16 (2011), S. 4fff.
[126] *Bravo Girl!* 26 (2011), S. 7.
[127] Vgl. *Bravo Girl!* 26 (2011), S. 4-7 u. S. 13.
[128] *Bravo Girl!* 9 (2011), S. 9.
[129] *Bravo Girl!* 26 (2011), S. 5.
[130] *Bravo Girl!* 16 (2011), S. 7.
[131] *Bravo Girl!* 16 (2011), S. 7.

von Kleidung. So in Heft Nr.16 „Lässiger geht es kaum, (...)"[132] oder in Nr. 9 „Denn die Promi-Girls zeigen uns, wie lässig es aussieht (...)"[133]. Um bei der Leserschaft einen möglichst hohen Stereotypisierungsgrad zu erreichen, werden in Ausgabe Nr. 26 den, wie bereits erläutert zur Nachahmung eingesetzten „Stars" folgende Attribute zugeordnet: „Die Coole", „Die Lässige", „Die Feminine".[134] Wenn die Leserin also etwas von dem Glanz der Stars abhaben möchte, so hätte sie laut der *Bravo Girl!* – Redaktion zu günstigen Preisen eine große Auswahl an Produkten. Der Leserin wird damit auf der einen Seite die Rolle der Konsumentin zugeschrieben und die Zeitschrift erfüllt gleichzeitig ihre Funktion als Werbeträger. Auf der anderen Seite wird der Leserin eine gesellschaftliche Stellung bestätigt, die durch die vorgegebenen ästhetischen und dekorativen Momente erfüllt wird.

4.2. Brigitte

Am Beispiel der Brigitte sollen im Folgenden die elementaren Aspekte der Modedarstellung untersucht werden. In der Rubrik „Mode" erscheinen Reportagen mit großen Bildern und Kurzbeschreibungen des Gezeigten. Zu jedem abgebildeten Kleidungsstück sind in dieser Rubrik Angaben zu Marke und Preis beigefügt. Die Rubrik „Mode" bildet den verhältnismäßig größten Anteil in der *Brigitte*. In der Ausgabe 6 (2011) sind 60 von insgesamt 230 Seiten Modestrecken mit reinen Produktempfehlungen und Berichten über das Styling von Frauen, die keine Models sind, und Leserinnen mit Produktempfehlungen, gewidmet. Der Anteil ist bei allen drei Ausgaben in etwa gleich hoch. Die Tendenz zur möglichst hochwertigen Darstellung von Mode wird bereits in der ersten Modestrecke in Heft Nr. 6 deutlich.

Vorgestellt wird die Mode mit den Worten: „In diesem Sommer sehen wir die Alarmstufen in allen Nuancen von Pfirsich bis Purpur. Und auf Seide und Chiffon wirkt Rot noch frischer und kostbarer denn je"[135] und in Heft Nr.17 werden abgebildete Taschen als „elegante Businesstasche"[136] oder „Edle Henkeltasche aus geprägtem Lackleder mit Logo-Anhängern"[137] beschrieben. Die Redaktion bestätigt damit ihre Beschreibung der besonders anspruchsvollen Leserin. Auffällig ist in

---
[132] *Bravo Girl!* 16 (2011), S. 7.
[133] *Bravo Girl!* 9 (2011), S. 4.
[134] *Bravo Girl!* 9 (2011), S. 10 u. S. 12 f.
[135] *Brigitte* 6 (2011), S. 23.
[136] *Brigitte* 17 (2011), S. 30.
[137] *Brigitte* 17 (2011), S. 33.

diesem Zusammenhang jedoch, dass die Produkte hauptsächlich von Herstellern der mittleren Preisklasse abgedruckt werden, wie zum Beispiel von „Esprit", „Cos" und „Vero Moda". Aber auch besonders günstige Hersteller wie „C&A", oder „Bijou Brigitte", sowie luxuriöse Hersteller wie „Louis Vuitton", „Schumacher" und „Hugo Boss" werden berücksichtigt. Dass es sich hierbei um eine Strategie handelt liegt auf der Hand: So fühlt sich auch die Normalverdienerin im Stande „hochwertige" und „moderne" Kleidung zu tragen. Eine leichte Dominanz der Oberbekleidung ist in der Darstellung von Mode der *Brigitte* zu erkennen. Nichts desto trotz übernehmen auch Accessoires eine wichtige Rolle. So beschreibt die Redaktion eine Bildproduktion mit „Aus Liebe zu den Details[:] (...) erst mit den Accessoires wird aus einem Styling Ihr persönlicher Stil."[138] Schmuckstücke und Schuhe sollen also laut der Redaktion Mittel sein, die die eigene Persönlichkeit hervorheben. Vor allem aber breitet sich das Herstellerfeld aus und die *Brigitte* erfüllt ihre Funktion als Werbeträger. Die Leserin der *Brigitte* wird selten allein angesprochen, häufig wird sie einfach mit eingeschlossen, so etwa in folgenden Beispielen: „Wir können nicht genug bekommen von (...)", oder „Von Elise, Stefanie und Ingrid lassen wir uns gern inspirieren"[139]. Auf diese Weise wird eine Art Gruppengefühl geschaffen, es integriert die Leserin in den Kreis der Anerkannten und schafft eine Art der Illusion. Als elementar erweist sich die Orientierung an den Trends der Saison bzw. der Priorität von Aktualität.

So beinhaltet Heft Nr. 6, im Februar erschienen, bereits erste Modestrecken zu sommerlicher Kleidung: „In diesem Sommer sehen wir die Alarmstufe in allen Nuancen (...)"[140]. In Heft Nr. 17, erschienen im Juli, werden die „neue[n] Kollektionen für Herbst und Winter (...)"[141] vorgestellt. Die Orientierung an aktuellen Kollektionen verleiht der Leserin das Gefühl von Exklusivität. Weiterhin erweist sich die Darstellung der Mode an Frauen, die selbst Leserin sein könnten als elementar. Es ist die Bemühung nach hohem Identifikationsgefühl bei der Leserin. So sind es „Maria und Sophia", „Isabelle Soulas", oder etwa „Marlene Mika aus Mannheim", welche die Mode präsentieren.[142] Auffällig in diesem Zusammenhang ist die auftretende Häufigkeit von unter 30 Jährigen, obwohl ein Großteil der Leserschaft die 30 Jahre überschreitet. Drei der vier aufgezählten Personen sind unter 30 Jahre alt.[143] Hin und

---

[138] *Brigitte* 17 (2011), S. 26.
[139] *Brigitte* 17 (2011) S. 66.
[140] *Brigitte* 6 (2011) S. 23.
[141] *Brigitte* 17 (2011), S. 12.
[142] Vgl. *Brigitte* 17 (2011), S. 12; *Brigitte* 1 (2011) S.42; *Brigitte* 6 (2011), S. 23.
[143] Die erreichte Zielgruppe der *Brigitte* ist im Kapitel 3.1.2 nachzulesen.

wieder wird die Mode durch bekannte Persönlichkeiten dargestellt. Dabei liegt der Fokus jedoch nicht auf Nachahmung, sondern wieder auf möglichst hohem Identifikationsgefühl, wie die kurze Beschreibung ihrer Person verrät: „Joy Denalane, 38, Sängerin, mag ihre Geburtsstadt Berlin – und Mode (...)"[144]. So stellt in Heft Nr. 17 eine deutsche Soulsängerin „coole Kombinationen von Streetstyle bis Luxus [vor]"[145]. Durch das Tragen dieser Mode, so das implizierte Gefühl, kann die Leserin eine hohe gesellschaftliche Anerkennung erreichen.

In einem nächsten Schritt soll eine mögliche Stereotypisierung der Frau untersucht werden. Die Beschreibung der dargestellten Kleidung vermittelt vor allem eines: Erstrebenswert ist es *elegant, schick*, und *trendy* zu sein, aber auch *stark, selbstbewusst, emanzipiert* und *sexy*. Als Beispiele fungieren „(...) sexy in Schwarz, glamourös in Satin, schillernd in Pailletten..."[146], „Wie in der Serie ‚Mad Men' - sehr weiblich, sehr sexy, sehr schick."[147], „Ihr Kleid stilecht zur Party und noch viel weiter"[148], „ (...) dieser Look macht automatisch souverän und selbstbewusst!"[149] oder durch die Beschreibung eines Sommerkleides: „Stärke zeigen. Leichtes Sommerkleid in Camouflage (...)".[150] Die hohe Wichtigkeit von Trendbewusstsein wird durch die Vorstellung der Kollektionen deutlich: „Wir zeigen alle wichtigen Trends für Herbst und Winter (...)"[151]. Auf diese Art und Weise wird der Konsumentin eine Art Norm vermittelt. Es wird ein Maßstab angelegt, der, wenn er nicht eingehalten wird, die gesellschaftliche Stellung in Frage stellen kann.

4.3. Freundin Donna

Am letzten Beispiel der *Freundin Donna* sollen im Folgenden ebenfalls die elementaren Aspekte der Modedarstellung untersucht werden. In der Rubrik „Mode" erscheinen Modereportagen mit hauptsächlich großen Bildern und Kurzbeschreibungen des Gezeigten. Zu jedem abgebildeten Kleidungsstück sind in

---

[144]*Brigitte* 17 (2011), S. 49.
[145]*Brigitte* 17 (2011), S. 49.
[146]*Brigitte* 1 (2011), S. 30.
[147]*Brigitte* 1 (2011), S. 44.
[148]*Brigitte* 1 (2011), S. 48.
[149]*Brigitte* 6 (2011), S. 35.
[150]*Brigitte* 6 (2011), S. 36.
[151]*Brigitte* 17 (2011), S. 10.

dieser Rubrik Angaben zu Marke und Preis beigefügt. Die Rubrik „Mode" steht in einem verhältnismäßig ausgeglichenem Anteil zu den Rubriken „Beauty & Wellness", sowie „Leben & Lieben". In der Ausgabe 7 (2011) sind 52 von insgesamt 206 Seiten Modestrecken, mit reinen Produktempfehlungen und Berichten über das Styling von alltäglichen Frauen, die keine Models sind, und Leserinnen mit Produktempfehlungen gewidmet. Der Anteil ist bei allen drei Ausgaben in etwa gleich hoch. Das konzentrierte Auftreten eines Kleidungsstückes ist nicht zu erkennen. Auffällig ist jedoch die dominierende Darstellung eines ganzen Outfits. Die „Outifts" werden selten ohne Accessoires gezeigt. Taschen, Schuhe, Gürtel oder Uhren werden meistens kommentarlos mit Hersteller und Preis in der Beschreibung des Outfits mit aufgezählt.

Die *Freundin Donna* präsentiert vor allem hochwertige Kleidung, Hersteller sind beispielsweise „JOOP!", „Miu Miu", „Escada", „Louis Vuitton" oder „Paul & Joe". In der Mittelklasse segmentierte Kleiderhersteller sind jedoch auch aufzufinden, wie beispielsweise „Lee", „COS", „Zara" u.v.m. Die Tendenz zur Darstellung von teurerer Kleidung weist auf die angesprochene Zielgruppe ab 45 Jahren hin, die womöglich bereit ist, für „klassische" Kleidungsstücke mehr Geld auszugeben. So schreibt die Redaktion beispielsweise „Es lohnt sich, auf hochwertiges Material zu achten, denn so wirken feminine Details wie Stickereien und Blumenprints erwachsen und nicht mädchenhaft."[152] Elementar scheint die Anpassung an die vermeintliche Zielgruppe, die, wie der Verlag beschreibt, massive Einschnitte erlebe, wie Kinder, die in die Welt hinaus zögen oder aber auch in Partnerschaften.[153]

So wird eine Modelinie beispielsweise mit den Worten „Schmeichelmode", „Farbe ins Leben bringen", „Zeit für mich", „Das Weite suchen" und „Ungewohnte Wege wagen" beschrieben.[154] Die Konsumentin soll sich angesprochen fühlen. Auch die Darstellung der Mode wirkt mit auf das Identitätsgefühl der Leserin ein. Neben den Kollektionen, die von unbekannten Damen präsentiert werden, gibt es „Modeporträts" oder etwa Unterkategorien wie „Mein neuer Look", in welchen Frauen, die denen der Zielgruppe entsprechen, aktuelle Mode darstellen.[155] So wird der Leserin die Mode beispielsweise von „Niki Krutzsch, 59" oder „Heidi Frasch, 54" präsentiert. Der Tenor ist der derselbe, man möchte gerne *modern* und *stylisch*, aber niemals albern

---

[152] *Freundin Donna* 6 (2011), S. 57.
[153] Nachzulesen in Kapitel 3.1.3.
[154] *Freundin Donna* 2 (2010), S. 24 u. S. 28ff.
[155] Vgl. *Freundin Donna* 2 (2010), S. 35 u. S. 50f.

wirken. Als Beispiel dienen Beschreibungen wie etwa: „Obendrein streckt sie ihre 1,63-m-Silhouette und wirkt modern, aber nicht überstylt"[156] oder „Einen modernen, praktikablen Klasse-Style, der jünger macht, ohne albern zu wirken (...)".[157]

Die Orientierung an Trends ist in der *Freundin Donna* vorhanden, aber nicht zentrales Element. Auch die Orientierung an den neusten Kollektionen, die beispielsweise bei höchster Aktualität bereits im Winter für den Sommer vorgestellt werden, ist nicht aufzufinden. Dies ist der abfallenden Bedeutung von „Mode" im Sinne der Aktualität bei der Leserin ab 45 zuzuschreiben. So beschreibt die Redaktion beispielsweise die dargestellte Kleidung mit: „Mode, die zu uns passt!"[158] So werden Modestücke vor allem mit „schmeichelnd", bodenlang", „sportliche Eleganz" und „klassisch" beschrieben.[159] Dies impliziert, die Frau habe ihren Stil bereits gefunden, ist für große Experimente nicht zu haben, erweitert ihre Sammlung aber gerne um das ein oder andere, meist exquisite, Teil. In einem nächsten Schritt werden Stereotypen, die sich in der *Freundin Donna* auftun, untersucht.

Die Frau ab 45 Jahren ist selbstbewusst, sie muss kein „sexuelles Objekt" *mehr* sein. So beschreibt die Redaktion der Freundin Donna ein Kleidungsstück mit: „Selbstbewusst Größe beweisen – im bequemen Pulli-Dress"[160]. Ästhetik ist vor allem, so wird es suggeriert: „Feminin, weiblich, ladylike" – Hauptsache fraulich sein. Der neue Maßstab liegt bei elegant, glamourös oder klassisch. Als Beispiel fungieren folgende Beschreibungen „Klassisch dank Nude", „farbstarke Budapester [Schuhe] passen zu femininen Kleidern (...)"[161], oder „schillernde Lederschuppen veredeln den Jersey-Rock"[162]. Des Weiteren wird der Leserin von der Redaktion vermittelt, dass Mode, inwiefern auch immer, ein Thema bleiben sollte. Dem Nachlassen von Konsum in einem höheren Alter wird so entgegen gewirkt. Man hört nicht auf sich dafür zu interessieren, sondern verschiebt nur die Prioritäten. So ist beispielsweise in Heft Nr. 7 zu lesen, dass der Wunsch von Donna-Leserinnen ist: Ein „neues Styling und sich dabei treu bleiben"[163], oder beispielsweise in Ausgabe Nr. 6 „schlichter, moderner und

---

[156] *Freundin Donna* 2 (2010), S. 35.
[157] *Freundin Donna* 2 (2010), S. 50.
[158] *Freundin Donna* 7 (2011), S. 54.
[159] *Freundin Donna* 6 (2011), S. 77 u. S. 49.
[160] *Freundin Donna* 2 (2010), S. 25.
[161] *Freundin Donna* 6 (2011), S. 38.
[162] *Freundin Donna* 6 (2011), S. 45.
[163] *Freundin Donna* 7 (2011), S. 54.

trotzdem weiblich"[164] – der Leserin wird vermittelt, man könne seinem Stil treu bleiben, aber Veränderungen gehörten dazu.

4.4. Unterschiede und Gemeinsamkeiten

Im vorangegangen Kapitel wurden die Frauenzeitschriften auf ihre elementaren Aspekte in der Darstellung von Mode und auf die einhergehende Stereotypisierung untersucht. Im Folgenden soll ein Vergleich gezogen werden, welcher die Unterschiede, aber auch Gemeinsamkeiten hervorheben soll.

Zunächst kann man keine großen Häufigkeitsunterschiede bei dem Auftreten eines bestimmten Bekleidungsstückes erkennen. Tendenziell kann man jedoch festhalten, dass die *Bravo Girl!* eine größere Vielfalt an „Accessoires" aufweist. Während bei der *Brigitte* und *Freundin Donna* klassische Accessoires wie Taschen, Uhren oder Ohrringe präsentiert werden, wird das dargestellte Sortiment in der *Bravo Girl!* um extravagante Accessoires wie Schlüsselanhänger, Fuchsschwänze, bunte Kopfhörer etc. erweitert.[165] Dies ist auf den Umstand zurück zuführen, dass die Jugend noch auf der Suche nach der eigenen Identität, für experimentelle Dinge ansprechbar ist.

Die dargestellte Mode in der *Bravo Girl!* wird hauptsächlich von preisgünstigen Herstellern angeboten; zugeschnitten auf die jüngere Zielgruppe, die sich in den meisten Fällen noch in der Ausbildung befindet und somit über weniger Budget verfügt. Die *Brigitte* präsentiert Mode, die der breiten Palette entstammt, es finden sich beispielsweise Hersteller wie „C&A" und „H&M" wieder, die auch in der *Bravo Girl!* erscheinen.[166]

Generell ergeben sich mit der *Freundin Donna* jedoch häufiger Überschneidungen bei den Herstellermarken, besonders im mittelpreisträchtigen Segment. So tauchen beispielsweise die Hersteller „Zara" oder „COS" in beiden Zeitschriften auf.[167] Aber auch luxuriöse Hersteller wie „Louis Vuitton" oder „Rupert Sanderson" werden sowohl in der *Freundin Donna* als auch in der *Brigitte* illustriert.[168] Generell unterscheiden sich *Brigitte* und *Freundin Donna* bei den Herstellern nur geringfügig.

---

[164] *Freundin Donna* 6 (2011), S. 54.
[165] Vgl. *Bravo Girl!* 9 (2011), S. 7 und *Bravo Girl!* 26 (2010), S. 6.
[166] Vgl. *Brigitte* 17 (2011), S. 15 ff. und *Bravo Girl!* 9 (2011), S. 9.
[167] Vgl. *Brigitte* 6 (2011), S. 46; *Freundin Donna* 6 (2011), S.35; *Brigitte* 1 (2011), S. 53.
[168] Vgl. *Brigitte* 17 (2011), S. 27; *Freundin Donna* 6 (2011), S.54; *Brigitte* 1 (2011), S. 36; *Freundin Donna* 6(2011), S.44.

Freundin Donna und *Bravo Girl!* haben bei den Herstellern, bis auf „C&A", zumindest in den untersuchten Ausgaben, keine Übereinstimmungen.

Das lässt den Schluss zu, dass die vorgestellte Mode sich nach dem vermeintlichen Gehalt der Leserschaft richtet, um mit der Werbefunktion optimale Ergebnisse erzielen zu können. Weitere Unterschiede sind im Bereich der „Identifikation" zu finden. In der *Bravo Girl!* werden zwar hin und wieder junge Frauen als Models eingesetzt, doch werden von der Redaktion hauptsächlich Jugendidole und bekannte Persönlichkeiten eingesetzt.[169] Bei der präsentierten Mode handelt es sich nicht um dieselbe Mode, die letztendlich von der Redaktion vorgestellt wird, sondern um preiswerte Kopien. Dies hebt deutlich hervor, dass in Mädchenzeitschriften nicht die Identifikation, sondern die Nachahmung im Vordergrund steht. Die *Brigitte* hingegen hat mit einer medienwirksamen Inszenierung auf den Einsatz von Models verzichtet, damit die Persönlichkeit der Leserin in den Vordergrund rücke.[170]

Die Frauen, welche die Modestrecken in der Zeitschrift präsentieren, werden mit Namen, Alter, Heimatort und Beruf vorgestellt Auffällig ist jedoch, dass die Frauen selten dem Alter der wirklichen Zielgruppe entsprechen und in zwei Dritteln der Fälle jünger sind. Im Vergleich zur *Bravo Girl!* und *Brigitte* bietet die Freundin Donna den höchsten Widererkennungswert für die Leserin. Das Schema deckt sich mit dem der Brigitte: Die Frau ist in den meisten Fällen kein Model und wird vorgestellt. Im Gegensatz zur Darstellung in der *Brigitte,* entspricht die Frau jedoch der angesprochenen Zielgruppe.[171] Unterschiede, in dem was modisch erstrebenswert erscheint ist, sind in allen drei untersuchten Zeitschriften zu finden. So wird die Mode in der *Bravo Girl!* vorrangig als „cool", „trendy" und „lässig" und „feminin" beschrieben.

Die *Brigitte* baut vor allem auf „sexy", „weiblich", „trendy" und „schick", während die *Freundin Donna* Eleganz, Weiblichkeit und Schlichtheit in den Vordergrund rückt. Außerdem präsentiert die *Freundin Donna* vor allem „schmeichelnde" Mode.[172] Auffällig ist die Gemeinsamkeit der Darstellung von besonders „weiblicher" Mode. Alle drei untersuchten Frauenzeitschriften präsentieren die Mode als Instrument, das

---

[169] Vgl. *Bravo Girl!* 9 (2011), S. 6f.
[170] Dieser Umstand ist in Kapitel 3.1.2. nachzulesen.
[171] Vgl. *Freundin Donna* 6 (2011), S. 40 f. und *Brigitte* 6 (2011) S. 22fff.
[172] Dies ist in den Kapiteln 4.1., 4.2. und 4.3. nachzulesen.

Weiblichkeit nicht nur präsentiert, sondern als unbedingt erstrebenswert erscheinen lässt.

5 Schlussbetrachtung und Ausblick

Um dem Erkenntnisinteresse nachzugehen, wurden die zentralen Themenkomplexe zunächst in einen volkskundlichen Rahmen gebracht. Dass die Zeitschrift in der Volkskunde eine kaum beachtete Quelle ist, wurde anhand von Karl Veit Riedels und Hannelore Roth-Blümckes Ausführungen deutlich. Als logische Konsequenz ergab sich daraus, dass der Frauenzeitschrift in einschlägigen Werken der Volkskunde keinerlei Beachtung zu kam. Lediglich fachnahe Disziplinen wie die Soziologie beschäftigten sich bereits mit dem Thema und ermöglichten eine nähere Betrachtung. Auch der Kleiderforschung kam lange Zeit keine Beachtung zu. Gitta Böth führt diesen Umstand auf die Wissenschaftsauffassung zurück. Lange Zeit wurden Forschungsinhalte durch langfristige Überlieferungen in der bäuerlichen Volkskunde definiert, so beschränkte sich die Forschung auf die in der Tradition verwurzelte „Tracht". Mode schien ein ungeeignetes Thema zu sein, da es zu kurzfristig auftritt. Auch der Frauenforschung kam in der Volkskunde lange Zeit kaum Beachtung zu. Noch 1983 konnte in der Enzyklopädie des Märchens unter dem Stichwort „Frau" nachgelesen werden, dass das Interesse an der Thematik relativ jung sei. Erst 1984 wurde das Feld durch eine Reihe von Tübinger Volkskundlerinnen neu aufgerollt.

Es entstand letztendlich ein neuer Ansatz, der mit dem Übergang zur Geschlechterforschung verbunden war. Frauen wurden von nun an nicht mehr isoliert betrachtet und dieser Umstand brachte auch neue Ansätze in der Kleiderforschung mit sich. Da sich alle drei Themengebiete erst spät, bzw. teilweise gar nicht in der Volkskunde etabliert haben, wurde letztendlich auf Literatur und Forschungsergebnisse aus benachbarten Disziplinen zurückgegriffen. Die Grundlage dieser Arbeit bildeten zwei zentrale Fragestellungen, aus welchen zwei Annahmen aufgestellt wurden. Annahme$_1$ zielte auf eine Untersuchung der Schwerpunkte in der Darstellung von Mode in den drei untersuchten Frauenzeitschriften ab. Annahme$_2$ beinhaltete die Frage nach Stereotypisierungsprozessen, also nach einem durch die Mode konstruierten Frauenbild und der Funktion dessen. In einem anschließenden Vergleich wurden die Ergebnisse betrachtet.

Es wurde herausgestellt, dass die Zeitschriften *Bravo Girl!*, *Brigitte* und *Freundin Donna* bei der Darstellung von Mode unterschiedliche Schwerpunkte setzen. Es konnten jedoch keine nennenswerten Differenzen bei dem Auftreten der einzelnen Kleidungsstücke festgemacht werden. Dieser Umstand wurde auf die Werbefunktion zurückgeführt. Bei einer Eingrenzung des „Sortiments", würden gleichzeitig einige Hersteller wegfallen. Lediglich die Ausführung der „Accessoires" wird in der Zeitschrift *Bravo Girl!* etwas breiter angelegt. Dies wurde auf den Umstand der experimentellen Jugend zurückgeführt. Unterschiede ließen sich jedoch bei den Herstellern festmachen. So wurde deutlich, dass in der Bravo Girl! hauptsächlich günstige Hersteller und deren Produkte dargestellt werden. Dies wurde auf das geringfügige Budget der Zielgruppe zurückgeführt. Die *Brigitte* und *Freundin Donna* deckten sich eher in ihren Herstellerlisten, jedoch konnte festgestellt werden, dass in der *Freundin Donna* hauptsächlich luxuriöse bzw. hochwertige Modehersteller aufgeführt werden. Die *Brigitte* hatte die meisten Berührungspunkte mit beiden Zeitschriften, da sie sich jeweils mit beiden Zielgruppen überschneidet. Daraus ist zu schließen, dass sich die Hersteller am potenziellen Budget der Stammleserschaft orientieren.

Weiterhin wurde ein Unterschied in der Kommunikation von Zeitschrift mit ihrer Leserin festgemacht. Während in der *Bravo Girl!* die Kauf-Wirkung durch „Nachahmung" bezweckt werden soll, wird sie in der *Brigitte* und *Freundin Donna* auf den Wiederkennungswert bzw. die Identifikation ausgerichtet. Weiterhin ergab sich, dass der Faktor „Identifikation" in der *Freundin Donna* am häufigsten auftritt. Zudem lässt sich bilanzieren, dass in den Frauenzeitschriften Werte vermittelt werden, die für die jeweiligen Leserinnen unumgänglich erscheinen. So sollte die Leserin der Zeitschrift *BravoGirl!* immer „cool", „lässig" und „trendy" sein, während die Leserin der *Brigitte* hauptsächlich „schick", „sexy" und „trendy" sein sollte. Die Leserin der *Freundin Donna* hingegen möge vor sich vor allem „schlicht" und „elegant" kleiden und auf „schmeichelnde" Mode zurückgreifen. Die Untersuchung ergab, dass in allen drei Frauenzeitschriften vor allem ein Attribut besonders häufig auftaucht: Weiblichkeit. Es wurde herausgearbeitet, dass die Fixierung der Stereotypen und die Festlegung dessen, was „modisch" ist, unauflöslich mit gesellschaftlicher Anerkennung verbunden ist. Die Rubrik „Mode", die in erster Linie eine

Werbefunktion erfüllt, aber auch darüber hinaus als Vollzugsorgan der Textilindustrie fungiert, fixiert die Frau auf die Rolle der Konsumentin und verweist sie ihrer „gesellschaftlichen Pflicht".

Obwohl die Nachfrage nach allgemeinen Publikumszeitschriften zurückgeht, stieg die Nachfrage nach Frauenzeitschriften noch im letzten Jahr an. Voraussichtlich wird das Thema „Mode" noch lange Zeit als Schwerpunkt eine Werbefunktion erfüllen. Aufgrund dessen werden Frauen auch weiterhin auf die Rolle der Konsumentin auf der einen, auf die des „ästhetischen Objekts" auf der anderen Seite reduziert. Eine Wandlung dessen ist nur dann möglich, wenn eine Loslösung von vermeintlich konstituierten gesellschaftlichen Normen möglich wird. Vor allem dann, wenn zunächst in Zeitschriften wie der *Bravo Girl!* andere Themen als Schwerpunkt gesetzt werden und Mädchen, die noch auf der Suche nach Identität sind, die Konstruktion des Frauenbildes in Frauenzeitschriften, das maßgeblich durch die Darstellungsweise der Mode konstruiert wird, nicht als das ihre begreifen müssen.

6 Literatur- und Quellenverzeichnis

6.1. Verzeichnis der Quellentexte

Bravo Girl! 4 (2010)

Bravo Girl! 26 (2010)

Bravo Girl! 9 (2011)

Bravo Girl! 12 (2011)

Bravo Girl! 16 (2011)

Brigitte 1 (2010)

Brigitte 6 (2011)

Brigitte 13 (2011)

Brigitte 17 (2011)

Freundin Donna 2 (2010)

Freundin Donna 6 (2011)

Freundin Donna 7 (2011)

6.2. Literaturverzeichnis

Böth, Gitta: Kleidungsforschung. In: Rolf Wilhelm Brednich (Hg.): Grundriß der Volkskunde. Einführung in die Forschungsfelder der Europäischen Ethnologie. 3. überarbeitete Aufl., Berlin 2001, S. 221-235.

Bringemeier, Martha: Die Hosenmode der Frau. In: Gerda Schmitz (Hg.): Mode und Tracht. Beiträge zur geistesgeschichtlichen und volkskundlichen Kleidungsforschung, Münster 1985, S. 95.

Der große Brockhaus, Art. Zeitschrift. Wiesbaden 1957, Bd. 12, S. 662.

Gebhard, Torsten: Kleidung zwischen Tracht und Mode. Aus der Geschichte des Museums.1889-1989. In: Zeitschrift für Volkskunde 87 (1991), S. 159-160.

Hartmann, Andreas: Über die Kulturanalyse des Diskurses – Eine Erkundung. In: Zeitschrift für Volkskunde 87 (1991), S. 19-28.

Lipp, Carola: Geschlechterforschung - Frauenforschung. In: Rolf Wilhelm Brednich (Hg.): Grundriß der Volkskunde. 3. überarbeitete Aufl., Berlin 2001, S. 329-348.

Meiners, Uwe: Zurück zur Figur. Unterwäsche im Zeichen des Wirtschaftswunders. In: Uwe Meiners: Korsetts und Nylonstrümpfe. Frauenunterwäsche als Spiegel von Mode und Gesellschaft zwischen 1890 und 1960, Oldenburg 1994, S. 75-85.

Mentges, Gabriele: Eine Einführung. In: Gabriele Mentges/ Heide Nixdorff (Hg.): Textil-Körper-Mode. Dortmunder Reihe zu kulturanthropologischen Studien des Textilen. Ebersbach 2001, S. 9-18.

Moser-Rath, Elfriede: Art. Frau. In: Enzyklopädie des Märchens. Handwörterbuch zur historischen und vergleichenden Erzählforschung Bd. 5., Berlin 1987, Sp. 100-137.

Riedel, Karl Veit: Tagespresse und Volkskunde. In: Beiträge zur deutschen Volks- und Altertumskunde (1967). S. 7.

Roth-Blümcke, Hannelore: Tageszeitung als Quelle volkskundlicher Forschung. In: Württembergisches Jahrbuch für Volkskunde (1957/58), S. 48.

Röser, Jutta: Frauenzeitschriften und weiblicher Lebenszusammenhang. Themen, Konzepte und Leitbilder im sozialen Wandel. Opladen, Münster 1992, S. 13.

Schenda, Rudolf: Leser- und Lesestoffforschung. In: Rolf Wilhelm Brednich (Hg.): Grundriß der Volkskunde. Einführung in die Forschungsfelder der Europäischen Ethnologie. 3. überarbeitete Aufl., Berlin 2001, S.381-395.

Schmerenbeck, Peter: Die ‚neue Frau'. Überlegungen zum modischen Wandel der Zwischenkriegszeit. In: Uwe Meiners: Korsetts und Nylonstrümpfe. Frauenunterwäsche als Spiegel von Mode und Gesellschaft zwischen 1890 und 1960. Oldenburg 1994, S. 49-74.

Tonscheidt, Sabine: Frauenzeitschriften am Ende? *Ostdeutsche* Frauenpresse vor und nach der Wende 1989. Münster 1996, S. 139-166.

Ulze, Harald: Frauenzeitschrift und Frauenrolle. Eine Untersuchung der Frauenzeitschriften *Brigitte, Freundin, FürSie* und *Petra*. In: Hochschul-Skripten: Medien 1., Berlin 1979, S. 9-14, S. 44-48, S. 202-206.

Völkel, Anika: Die Modezeitschrift. Vom „Journal des Luxus und der Moden" zu „Brigitte" und „Elle". In: Schriften zur Kulturgeschichte, Bd. 1. Hamburg 2006, S. 9-18, S.113-126, S. 157-160.

Weber, Monika: Mädchen-Zeitungs-Welten. Lebensrealität von Mädchen und ihr Bild in Mädchenzeitschriften. Münster 1991, S. 77-81, S. 36-38, S. 91-92.

Willingmann, Heike: Kleid auf Zeit. Über den Umgang mit der Vergänglichkeit von Bekleidung. In: Gabriele Mentges/Heide Nixdorff (Hg.): Textil-Körper-Mode. Dortmunder Reihe zu kulturanthropologischen Studien des Textilen. Ebersbach 2001, S. 159-161.

Zimmermann, Clemens; Schmeling, Manfred (Hg.): Die Zeitschrift – Medium der Moderne. La Presse magazine- un média d lépoque moderne. Deutschland und Frankreich im Vergleich. Bielefeld 2006, S. 16-17.

6.3 Verzeichnis der Internetquellen

URL: http://www.vdz.de/anzeigen-singlenews/hash/90cfea797f21c498d561fb6955b024ef/news/xuid406-gesamtauflagen-der-publikumszeitschriften-stabil/ (Stand 22.07.2011).

URL: http://www.medialine.de/deutsch/wissen/medialexikon.php?snr=2012 (Stand 18.07.2011).

URL: http://www.bauermedia.com/no_cache/de/produktfinder/action/mfDetail/singleID/913/mftitle/bravo_girl/ (Stand 30.07.2011).

URL: http://www.hubert-burda-media.de/geschaeftsfelder/magazine/inland/-freundin-donna_aid_17460.html (Stand 30.07.2011).

URL: http://www.gujmedia.de/portfolio/zeitschriften/brigitte/?card=auflage_reichweite/ (Stand 30.07.2011).

URL: http://www.bauermedia.com/no_cache/de/produktfinder/ (Stand: 30.07.2011).

URL: http://www.bauermedia.de/b_girl.html (Stand 30.07.2011).

URL: http://www.gujmedia.de/portfolio/zeitschriften/brigitte/?card=leserschaft/ (Stand 01.08.2011).

URL: http://www.gujmedia.de/portfolio/zeitschriften/brigitte/?card=profil (Stand 01.08.2011).

URL: http://www.gujmedia.de/portfolio/zeitschriften/brigitte/?card=familie (Stand 01.08.2011).

URL: http://www.gujmedia.de/portfolio/zeitschriften/brigitte/?card=brigitte_mom (Stand 01.08.2011).

URL: http://meedia.de/nc/details-topstory/article/burda-bringt-donna-an-den-kiosk_100031710.html (Stand 01.08.2011)